Der deutsche Rechtsfriede?

Ein Beitrag zur Frage des Güteverfahrens.

Von

Dr. Hans Stölzle,

Rechtsanwalt in Kempten (Allgäu).

1917

München, Berlin und Leipzig

J. Schweitzer Verlag (Arthur Sellier).

Druck: Dr. F. P. Datterer & Cie. (Inh.: Arthur Sellier) München und Freising.

Inhaltsangabe.

Literaturangaben.

Böttger, Ernst, Rechtsanwalt in Berlin: „Rechtsfrieden in Kleinstadt und Land" in Deutsche Tageszeitung Nr. 633 und 634 vom 15. Dezember 1916.

Bovensiepen, Dr., Landrichter in Kiel: Das prozeßvorbeugende Güteverfahren in Rhein. Z. 1916 S. 239 ff.

Cahn, Dr. Hugo, Justizrat, Rechtsanwalt in Nürnberg: Gerichtsentlastung und Güteverfahren im Krieg und im Frieden. Berlin 1916. J. Guttentag.

Cahn, Dr. Hugo: Der zukünftige deutsche Rechtsstreit in Zeitschrift für deutschen Zivilprozeß Bd. 46 Heft 3/4.

Cremer, Hermann, Fabrikbesitzer in Velbert: Sicherheitsleistungsurteile in Recht und Wirtschaft 1916 S. 222 ff. Berlin, Carl Heymanns Verlag.

Das Recht, Rundschau für den deutschen Juristenstand. Helwingsche Verlagsbuchhandlung, Hannover.

Degen, Dr. Walter, Oberlandesgerichtsrat in Dresden: Mündlichkeit und Unmittelbarkeit der Beweisaufnahme in den Verhandlungen des deutschen Juristentages, 1. Bd. S. 259 ff. J. Guttentag 1912.

Deinhardt, Richard, Oberlandesgerichtsrat in Jena: Deutscher Rechtsfriede, Beiträge zur Neubelebung des Güteverfahrens. A. Deichertsche Verlagsbuchhandlung, Werner Scholl, 1916. Das Buch enthält eine Zusammenstellung einer Reihe von Mitarbeitern, welche ich im Verlaufe meiner Darstellung zitieren werde: N. N. in Deutscher Rechtsfriede.

Denkschrift des deutschen Handwerker- und Gewerbekammertages mit Vorschlägen für Gesetzgebung und Selbsthilfe: Die Unwirtschaftlichkeit der Zivilrechtspflege. Hannover 1916.

Deutsche Richterzeitung, herausgegeben vom deutschen Richterbund. Helwingsche Verlagsbuchhandlung.

Felsmann, Dr., Landesgerichtspräsident in Breslau: Vereinfachung und Verbilligung der Rechtspflege in Recht und Wirtschaft 1916 S. 205 ff.

Fischer, Dr. R. J., Rechtsanwalt in Augsburg: Die Unwirtschaftlichkeit der Zivilrechtspflege in Deutscher Rechtsanwaltszeitung 1916 S. 65 ff.

Graef, Amtsgerichtsrat in Eisenach: Rechtsfriede und Friedensgerichte in Gruchots Beitr. Bd. 59 S. 864 ff.

Juristische Wochenschrift. W. Moeser, Berlin.

Hackenberger, Alfons, Landgerichtsrat: Das Zusammenwirken der Richter und Rechtsanwälte im Güteverfahren im Tag vom 10. März 1917 Nr. 58.

Klein, Rechtsanwalt in Bonn: Friedensjustiz und Presse. Bonn 1916.

Kulemann, Landgerichtsrat a. D. in Braunschweig: Güteverfahren und Anwaltschaft im Recht 1917 Nr. 7/8 S. 164 ff.

Levin, Dr., Amtsgerichtsrat in Berlin-Schöneberg:

a) Richterliche Prozeßleitung und Sicherungspolizei in Theorie und Praxis. Berlin 1913. Otto Liebmann.

b) Die Entlastungsverordnung vom 9. September 1915 und die Neugestaltung des bürgerlichen Rechts in Gruchots Beitr. Bd. 60 S. 37 ff.

c) Die rechtliche Natur und zweckmäßige Gestaltung des Güteverfahrens in Rhein. Z. für Zivilrecht und Zivilprozeß 1916 S. 207 ff.

In diesen beiden Aufsätzen ist die Literatur über das Güteverfahren erschöpfend angegeben und ich will hiemit, um Wiederholungen zu vermeiden, ausdrücklich auf dieselbe verwiesen haben.

d) Zur Frage der Friedensgerichte, JW. 1916 S. 1375 ff.

Lüttemann, Justizrat in Hannover: Nebengutachten zu den Leitsätzen und der Denkschrift der „Vereinigung der Freunde des Güteverfahrens". Selbstverl. des Verf. (ohne Datum).

Magnus, Julius, Justizrat, Rechtsanwalt am Kammergericht in Berlin: Verhandlungen des 31. Juristentages in Wien, 3. Bd. S. 888 ff. J. Guttentag 1913.

Peters, Dr. Willibald, Reichsgerichtsrat a. D., Die wälsche Art im deutschen Rechtsstreit und ihre Zukunft. Hannover 1916. Helwingsche Verlagsbuchhandlung.

Soldan, Hans, Rechtsanwalt in Mainz: Die sogenannte Prozeßseuche des deutschen Volkes in DRAZ. 1916 S. 121 ff.

Stein, Dr., Professor an der Universität Leipzig, auf dem 31. deutschen Juristentage in Wien, 3. Bd. S. 919 ff. J. Guttentag 1913.

Stölzle, Dr. Hans, Rechtsanwalt in Kempten-Allgäu:

a) Völkerrecht und Landkrieg, gemeinverständliche Darstellung für das Volk. Jos. Köselsche Buchhandlung Kempten und München 1915.

b) Wohin treiben wir? in DRAZ. 1915 S. 26 ff.

c) Gerichtsentlastungsnovelle und Einkommensverhältnisse der Anwälte in JW. 1915 S. 1403 ff.

d) Die Erstattung der Anwaltsgebühren in BayZfR. 1916 S. 41 ff.

e) Das Güteverfahren in Nr. 195 der Bayerischen Staatszeitung vom 24. August 1916 S. 33 ff.

f) Der Sachrichter. In Gruchots Beitr. 1917, 275 ff.

Verhandlungen des 29. deutschen Juristentages in Karlsruhe. 5. Bd. 2. Hälfte. Berlin 1909, J. Guttentag.

Verhandlungen des 31. deutschen Juristentages in Wien. 1. Bd. Gutachten 1912. Berlin 1912, J. Guttentag.

Verhandlungen des 31. deutschen Juristentages in Wien. 3. Bd. Stenogr. Bericht. Berlin 1913, J. Guttentag.

Vierhaus, Dr., Oberlandesgerichtspräsident in Breslau: Ist in bürgerlichen Rechtsstreitigkeiten das Kollegialprinzip zugunsten des Einzelrichtertums einzuschränken? Verhandlungen des 29. deutschen Juristentages zu Karlsruhe. 5. Bd. 2. Hälfte. Berlin 1909, J. Guttentag S. 577 ff.

Warschauer, Gerichtsassessor in Kattowitz: Zur Frage der Sondergerichte in DRZ. 1916 S. 439 ff.

Werner, J. R., Rechtsanwalt in Magdeburg: Güteverfahren, Anwaltszwang und Anwaltschaft im Sächsischen Archiv für Rechtspflege 1916 S. 329 ff.

Wildhagen, Dr., Rechtsanwalt am Reichsgericht in Leipzig: Auf dem 31. deutschen Juristentage in Wien, 3. Bd. S. 846.

Zeiler, Alois, I. Staatsanwalt in Zweibrücken: Für das Güteverfahren in Bayer. Staatszeitung Nr. 208 vom 8. Sept. 1916.

Einleitung.

Nach alter deutscher Rechtsauffassung sollten Streitigkeiten mit „Minne“, d. h. Güte erledigt werden. Die Zivilprozeßordnung vom Jahre 1879 hat in § 269 bestimmt, daß das Gericht in jeder Lage des Rechtsstreites die gütliche Beilegung des ganzen Streites oder einzelner Streitpunkte versuchen oder die Parteien zum Zwecke des Sühneversuchs vor einen beauftragten oder ersuchten Richter verweisen kann. Die Gerichtsentlastungsnovelle vom 9. September 1915[1]) bestimmt in § 18, daß im Verfahren vor den Amtsgerichten das Gericht, wenn beide Parteien im Termine erscheinen, vor Eintritt in die mündliche Verhandlung die Sühne versuchen soll. Es hat nun in Deutschland eine Bewegung eingesetzt, die die alte deutsche Minne wieder aufleben lassen, die eine neue deutsche Minne einführen will, eine Bewegung, die unter dem Namen „Güteverfahren“ sattsam bekannt ist. Die Anhänger dieses Güteverfahrens arbeiten in juristischen Zeitschriften, in der Tagespresse, in der Buchliteratur mit der größten Zähigkeit für die Verwirklichung ihrer Ideen, durch Anschläge in Gerichtsgebäuden, durch Versendung von Flugschriften in die Schützengräben wird für die neue Idee Reklame gemacht,[2]) schnell, möglichst schnell soll das neue Verfahren eingeführt werden und zwar durch eine Bundesratsverordnung, das letztere wohl deshalb, weil die Friedensfreunde selbst fühlen, daß der Reichstag ihre Ideen kaum verwirklichen wird.

Es wäre unrichtig, an einer Bewegung stillschweigend vorüberzugehen, für die verschiedene Kreise sich begeistert haben. Allein auf die Begeisterung kommt es nicht an. Ich habe in einem Aufsatz: „Das Güteverfahren“ in der Bayer. Staatszeitung 1916 vom 24. August 1916 S. 33 ff. ausgeführt, daß man Fragen der Gesetzgebung nicht mit patriotischer Begeisterung löst, sondern durch eine nüchterne, sachliche, wissenschaftliche Behandlung der einzelnen Fragen. Ich halte es hier mit dem Breslauer Oberlandesgerichtspräsidenten Dr. Vier-

---

[1]) RGBl. 1915 Nr. 121 vom 11. September 1915.

[2]) DRAZ. 1916, 78.

haus, der auf dem 29. deutschen Juristentage in Karlsruhe [1]) ausführte:

„Die deutsche Rechtspflege steht vor einem sehr bedeutenden Wendepunkt, und neue Ideen dringen als Gäste in unseren Tempel ein, zum Teil sehr wunderliche Gesellen, zum Teil beanspruchen sie in hochmodernem Aufputz Bürgerrecht. Keiner von diesen Gästen sei schlechthin abgewiesen; aber jeder sei nach seiner Legitimation gefragt, und diese Legitimation ist die Gewähr für einen guten Prozeß . . . .“

Um diese Legitimation prüfen und zur Frage des Güteverfahrens Stellung nehmen zu können, wollen wir darlegen, was die Friedensfreunde — so will ich die Anhänger des Güteverfahrens im folgenden kurz nennen — überhaupt wollen und auf welchem Wege sie ihr Ziel zu erreichen suchen. Wir müssen dann prüfen, ob die Vorschläge der Friedensfreunde einer streng juristischen Kritik auch wirklich Stand halten. In letzter Linie haben wir zu untersuchen, welchen Einfluß die Einführung des Güteverfahrens auf Gericht, Anwaltschaft und das rechtsuchende Volk ausübt.

Erster Teil:

Das Ziel der Friedensfreunde.

Die Friedensfreunde haben, wie in den Literaturangaben zitiert, unter dem Titel: „Deutscher Rechtsfriede“ eine Werbeschrift [2]) herausgegeben, die in zusammenfassender Weise ihre Ideen darstellen soll. Die Friedensfreunde sagen: Streitigkeiten müssen verhütet werden und wenn sie einmal da sind, dann soll die Erledigung nicht in dem unwirtschaftlichen, langsamen, formellen Prozeßverfahren, sondern in einem billigen, schnellen und formlosen Güteverfahren erfolgen, unser Ziel ist deshalb: Prozeßvorbeugung und Güteverfahren, wir erstreben den deutschen Rechtsfrieden.

„Der Rechtsfrieden muß kommen im Volk und im Beamtentum . . . . Einschränkungen fürchten wir nicht mehr. Wir haben Beschlagnahmen, Monopole, Zwangssyndikate, Höchstpreise, Bedarfszuteilung nach Maß und Tag von ziemlich allem Lebens-

[1]) Verhandlungen des 29. deutschen Juristentages in Karlsruhe 5. Bd. 2. Hälfte. Berlin 1909, J. Guttentag, S. 597.

[2]) Deinhardt, Deutscher Rechtsfriede VI.

bedarf usw. — und nur im Prozessieren, im Auseinanderregieren sollten wir darauf loswirtschaften können, planlos wie bisher?

In Rechtsfrieden, in tieferer Staatsgesinnung, Selbsterziehung dazu müssen wir stehen auf der heiligen deutschen Erde." [1])

„Von diesen Kriegszeiten wird die Losung sein:

Unser Rechtsleben darf seine Grundlage nicht haben in Selbstsucht und Herrschsucht ichsüchtiger Begierden, in Profitsucht, in Mißtrauen, Schroffheit, Gegnerschaft,

deutsches Rechtsleben darf nur aufgebaut sein auf sittlicher Achtung vor dem Recht des anderen, des Volksgenossen, auf Treue, Zutrauen, Vertrauen, Rücksicht, Milde und Weisheit, Zusammenarbeit und Zusammenhalt im Sinne der Volkheit;

gegenüber der Vereinzelung, dem Gehen- und Geschehenlassen, dem Stürzenlassen, dem rücksichtslosen Durchsetzen der Interessengegensätze beginnt das Zeitalter der Organisation der „Volksgenossenschaft", des gereifteren Bekenntnisses zur Pflicht des einzelnen Gliedes an seinem Platz und nach seiner Kraft innerhalb der Lebenseinheit des Volkes,

gegenüber dem Schein und der Verdeckung kommt der Drang zur Aufrichtigkeit und Ehrlichkeit, zur Wahrheit und Wirklichkeit. Dann wird auch dem Einzelnen der Wunsch erfüllt sein, worin schließlich alle Weisheit beschlossen ist:

Schenk uns Ruh und Frieden der Seele!" [2])

„Soll der Krieg da draußen aufhören, so muß vor allem der Krieg im Innern aufhören, müssen wir vor allem unnötigen Streit und Hader lassen und einzig allein das tun, was not tut, um die Feinde zu überwinden, um den Sieg und damit den Frieden zu erringen. Krieg da draußen, Rechtsfriede, sozialer Friede, Gottesfriede hier im Innern." [3])

Es ist gewiß ein hohes und edles Ziel, das die Friedensfreunde sich gesteckt haben und wir müssen deshalb untersuchen, auf welchem Wege sie dieses ihr Ziel zu erreichen suchen.

---

[1]) Deinhardt, Deutscher Rechtsfriede VI.
[2]) Deinhardt, Deutscher Rechtsfriede 40.
[3]) Landgerichtsrat Eberhard in „Deutscher Rechtsfriede" 247 ff.

Zweiter Teil:

Ausgestaltung des Güteverfahrens.

Die Friedensfreunde wollen in dem Entwurf einer Güteordnung (ausgearbeitet von Heinrich Lehmann, Professor und Oberlandesgerichtsrat in Jena und Deinhardt in Deutscher Rechtsfriede S. 52 ff. und S. 74 ff.) uns den Weg weisen, auf welchem sie ihr Ziel erreichen wollen. Die Grundzüge dieser Güteordnung sind folgende:

I. Kapitel:

Allgemeine Bestimmungen.

I. Anwendungsfälle des Güteverfahrens.

1. Obligatorisches Güteverfahren (§ 2 Abs. 1, 3).

Das Güteverfahren muß stattfinden

a) in allen auf Antrag zu verfolgenden Strafsachen,

b) vor Prozeßbeginn in allen bürgerlichen Streitsachen, die

α) vor die Amtsgerichte gehören,

β) vor den Landgerichten vermögensrechtliche Streitigkeiten zwischen Ehegatten, Eltern und Kindern, Geschwistern, Geschwisterkindern und deren Ehegatten zum Gegenstande haben.

2. Fakultatives Güteverfahren (§ 2 Abs. 2).

Im Einverständnis der Parteien kann in allen bürgerlichen Streitigkeiten, also ohne die unter 1 a b gegebenen Beschränkungen ein Güteverfahren stattfinden, wenn eine Vereinbarung über den Gerichtsstand zulässig ist.

3. Ausschluß des Güteverfahrens (§ 3).

Das Güteverfahren unterbleibt, wenn

a) ihm nach der besonderen Lage des Falles schwer zu beseitigende Hindernisse entgegenstehen oder

b) die Verständigung offenbar aussichtslos ist.

Die Entscheidung, ob ein Güteverfahren stattzufinden hat oder nicht, obliegt dem Prozeßrichter.

II. Tätigkeit der Gütestellen.

1. Nichtstreitige Erledigung der Sache.

Der Rechtsstreit kann vor der Gütestelle erledigt werden durch Anerkenntnis, Verzicht, Vergleich oder im Falle des Ausbleibens einer Partei durch Versäumnisurteil.

2. Streitige Erledigung

a) bei einem Streitwert von nicht über 100 Mark.
Beträgt der Streitwert nicht über 100 Mk. oder ist nicht mehr streitig geblieben, dann kann die Gütestelle den Rechtsstreit durch Urteil entscheiden, wenn ihr die Verfahrensvorschriften dies gestatten.

b) bei einem 100 Mk. übersteigenden Streitwert kann auf Antrag beider Teile die Gütestelle als Schiedsgericht entscheiden.

c) Das Urteil der Gütestelle ist unanfechtbar.

III. Das anzuwendende Recht (§ 4 Abs. 2).

Die Entscheidung ergeht nach dem Gesetz, berücksichtigt aber auch möglichst die Billigkeit und die besonderen Verhältnisse der Beteiligten.

II. Kapitel:

I. Zuständigkeitsfragen.

A. Sachliche Zuständigkeit (§ 5).

Sachlich zuständig für das Güteverfahren sind:

1. Die mit dieser Aufgabe betrauten Einrichtungen öffentlich-rechtlicher Körperschaften, z. B.

a) Rechtsauskunftsstellen der Gemeinden und Kommunalverbände,

b) Einigungs- und Schlichtungsämter der Innungen, Innungsausschüsse, der Handels-, Handwerker- und Gewerbekammern,

c) die Handwerksämter und Einziehungsämter solcher Körperschaften,

d) die Einrichtungen gemeinnütziger und berufsständischer Körperschaften, die die oberste Landesbehörde mit dieser Aufgabe betraut,

e) die staatlichen Schiedsämter.

2. Die von den obersten Landesbehörden für bestimmte Bezirke errichteten besonderen staatlichen Schiedsämter.

Vorstand können rechtskundige Personen, wie Notare und Rechtsanwälte werden.

3. Die Amtsgerichte als staatliche Schiedsämter neben den unter Ziffer 1 und 2 näherbezeichneten Schiedsämtern.

B. Örtliche Zuständigkeit (§ 7).

1. Örtlich zuständig ist die Gütestelle oder das Schiedsamt des Amtsgerichts, worin der Schuldner seinen allgemeinen Gerichtsstand hat.

2. Die Parteien können sich aber auch über die Wahl einer Gütestelle einigen.

3. Ohne Einverständnis mit seinem Gegner kann sich der Gläubiger an eine Gütestelle nur dann wenden, „wenn beide den Erwerbs- und Lebenskreisen angehören, wofür die Gütestelle errichtet ist, und die Streitsache sich darauf bezieht".

II. Wer ist Güterichter?

1. Bei den mit dem Güteverfahren betrauten Einrichtungen öffentlich-rechtlicher Körperschaften offenbar der Vorsitzende derselben,

2. die rechtskundigen Personen, welche als Vorstand der von der obersten Landesbehörde für bestimmte Bezirke errichteten staatlichen Schiedsämter bestellt sind,

3. der Amtsrichter,

4. von der Gütestelle können noch zwei sachkundige Beisitzer aus den Erwerbs- und Lebenskreisen, welchen die Parteien angehören, herangezogen werden (§ 6).

III. Kapitel:
Das Verfahren.

1. Abteilung:
In bürgerlichen Rechtsstreitigkeiten.

Das Verfahren ist merkwürdigerweise ein verschiedenes, je nachdem es vor einer nichtstaatlichen oder staatlichen Gütestelle stattfindet.

I. Das Verfahren vor der nichtstaatlichen Gütestelle (§ 8).

1. Vor den nichtstaatlichen Gütestellen können diese das Verfahren selbst unter Genehmigung der Landesjustizverwaltung bestimmen.

2. Diese Vorschriften können insbesondere bestimmen, daß:

a) das Verfahren ohne die Förmlichkeiten, die Öffentlichkeit und Mündlichkeit des eigentlichen Prozeßverfahrens stattfindet,

b) zur Aufklärung des Sachverhalts und zur Verständigung auch Zeugen und Sachverständige vernommen und, wenn die Leiter rechtskundig sind, auch vereidigt werden können,

c) wenn die Leiter rechtskundig sind, Eide abgenommen werden können, über deren Norm und Erheblichkeit die Beteiligten sich einig sind,

d) die Niederschriften über eine Verständigung der Beteiligten als Schuldtitel im Sinne des § 793 ZPO. zuzulassen sind.

II. Das Verfahren vor den staatlichen Schiedsämtern.

1. Ausschluß der Öffentlichkeit. Formfreiheit (§ 10).

Als oberster Grundsatz wird aufgestellt, daß das Verfahren nicht öffentlich und vollständig formfrei ist.

2. Vorbereitende Tätigkeit des Schiedsamts.

a) Hat eine Partei ihre Bitte um Einleitung des Güteverfahrens bei der Gütestelle angebracht, dann ordnet das Schiedsamt an, was nach der Besonderheit des Falles das Zweckmäßigste ist (§ 13),

b) es soll regelmäßig an den Schuldner eine schriftliche Aufforderung erlassen werden, sich binnen bestimmter Frist zu erklären, ob er den Anspruch gütlich anerkennt oder sonst Vorschläge zu einer gütlichen Erledigung machen oder ob und weshalb er den Anspruch bestreiten will (§ 14),

c) der Schuldner ist in der Aufforderung darauf hinzuweisen, daß

α) wenn er sich nicht in der Frist erklärt, sofort ein vollstreckbarer Zahlungsbefehl im Sinne des § 699 ZPO. erlassen,

β) auch eine vollstreckbare Ausfertigung entsprechend dem Vergleichsvorschlag des Schiedsamts oder seinem eigenen[1]) oder ein Anerkenntnis nach seinem schriftlichen Anerkenntnis ohne weitere Verhandlung ausgefertigt werden kann,

d) wenn der Schuldner dem Antrag widersprechen oder auf mündliche Erörterung von Vergleichsvorschlägen antragen sollte, dann ist

α) in der Aufforderung sofort Termin zur mündlichen Verhandlung anzusetzen und

β) für den Fall des unentschuldigten Ausbleibens Versäumnisurteil anzudrohen.

Das Schiedsamt kann den Beteiligten aufgeben, rechtzeitig vor dem Termin Tatsachen zu weiterer Aufklärung des Sachverhalts anzugeben, Beweismittel beizubringen und Zeugen zu stellen. Ungehorsam kann bestraft werden nach den Bestimmungen der ZPO., nach welchen ein ungehorsamer Zeuge bestraft wird (§ 17).

3. Mündliche Verhandlung.

a) Persönliches Erscheinen der Parteien (§ 15).

Das Schiedsamt kann das persönliche Erscheinen der Parteien anordnen. Eine Vertretung ist nur zulässig, wenn das persönliche Erscheinen besonders erschwert ist.

---

[1]) Von mir gesperrt mit Rücksicht auf das Unglaubliche dieses Vorschlages.

Bei unentschuldigtem Ausbleiben des Geladenen kann das Schiedsamt die in der ZPO. gegen einen ungehorsamen Zeugen bestimmten Strafen über den Ausgebliebenen verhängen.

b) Versäumnisurteil.

Bei unentschuldigtem Ausbleiben des Geladenen ist auf Antrag des anderen Teiles ein Versäumnisurteil zu erlassen, gegen welches wie auch gegen den Zahlungsbefehl des Schiedsgerichts Einspruch zulässig ist. Wird der Einspruchstermin wieder versäumt, so wird der Einspruch rechtskräftig verworfen.

c) Vernehmung von Zeugen und Sachverständigen. Schriftliche Auskunftserteilung (§ 18).

a) Das Schiedsamt kann Augenschein einnehmen, Zeugen und Sachverständige vernehmen und vereiden,

b) schriftliche und mündliche Auskunft von den Parteien, von Zeugen und Sachverständigen erholen über bestimmte Tatsachen, die für den strittigen Anspruch, seine Durchführung und gütliche Beilegung erheblich sind. Das Schiedsamt kann sich mit diesen schriftlichen Auskünften von Zeugen und Sachverständigen begnügen, wenn die persönliche Vernehmung nach Lage der Sache kein anderes Ergebnis erwarten läßt. Wer als Streitsteil, Zeuge oder Sachverständiger seine schriftliche Auskunft wissentlich falsch abgibt, wird mit Geldstrafe bis zu 1000 Mk. bestraft.

d) Eidesabnahme (§ 18).

Das Schiedsamt kann einen Eid, über dessen Norm und Erheblichkeit sich die Parteien geeinigt haben, abnehmen.

4. Resultat der mündlichen Verhandlung.

a) Die mündliche Verhandlung endigt mit einer nichtstreitigen Erledigung, sei es mit einem Vergleich, einem Anerkenntnis oder einer sonstigen Verständigung.

Mißlingt die nichtstreitige Erledigung, so hat das Schiedsamt bei Gegenständen von nicht mehr als 100 Mk. Wert Urteil zu erlassen (§ 21).

b) Wird die Sache im Verfahren vor dem Schiedsamt nicht erledigt, so gibt sie das Schiedsamt auf Antrag des Klägers an das zuständige Gericht ab.

2. Abteilung:
In Antragsstrafsachen (§ 23).

1. Vor Einleitung des Strafverfahrens hat der Antragsteller nachzuweisen, daß ein Güteverfahren stattgefunden hat. Der Staatsanwalt kann vom Nachweis absehen.

2. Hat in Privatklagesachen noch kein Sühneversuch stattgefunden, so kann das Amtsgericht

a) die Klage zur gütlichen Erledigung an eine zuständige Gütestelle abgeben oder aber

b) auch selbst als Schiedsamt ein Sühneverfahren einleiten.

In diesem Falle kann das Amtsgericht als Schiedsamt

α) die Parteien bei Androhung einer Ordnungsstrafe bis zu 150 Mk. vorladen, wenn ihr Erscheinen nicht erheblich erschwert ist,

β) in geeignetem Falle dem Beschuldigten androhen, daß bei unentschuldigtem Ausbleiben die angemessene Strafe durch Strafbefehl gegen ihn erkannt wird.

Wenn beide Parteien erscheinen und eine gütliche Einigung nicht zustande kommt, so kann, wenn die Parteien einverstanden sind, das Schiedsgericht sofort selbst entscheiden. Es kann auf Strafe erkennen, kann aber auch von der Verhängung einer Strafe absehen und nur auf Zahlung einer Buße an den Verletzten oder zugunsten eines gemeinnützigen Zweckes erkennen. Die Entscheidung ist wie eine Verurteilung mit Berufung anfechtbar. Revision ist ausgeschlossen.

Sind die Parteien mit der sofortigen Entscheidung des Schiedsgerichts nicht einverstanden, dann ist die Sache in die möglichst nächste Schöffengerichtssitzung zu verweisen.

IV. Kapitel:
Kostenbestimmungen (§ 24).

1. Das Verfahren ist gebührenfrei. Doch kann das Schiedsamt Gebühren festsetzen. Für einen vollstreckbaren Schuldtitel werden die Gebühren des Gerichtskostengesetzes zur Hälfte erhoben.

2. Über die sonstigen Kosten des Verfahrens entscheidet das Schiedsgericht nach freiem Ermessen. Es kann die Kosten auch dann verteilen, wenn die Entscheidung nur zugunsten der einen Partei ergeht. Doch darf die obsiegende Partei nicht mit den Kosten der eigenen Vertretung oder der des Gegners belastet werden, wenn dieser zuerst einen Vertreter bestellt hat.

3. Gegen die Entscheidung über die Kosten ist sofortige Beschwerde zulässig, wenn die Beschwerdesumme über 50 Mk. beträgt.

Dritter Teil:

Kritik.

Vorschläge, die eine Verbesserung der Rechtspflege bedeuten sollen, müssen kritisch geprüft werden. Es ist deshalb zu fragen: Halten die Vorschläge der Friedensfreunde einer streng juristischen Kritik auch Stand?

Die gestellte Frage ist entschieden zu verneinen. Fürs erste bauen die Friedensfreunde auf einer vollständig falschen Grundlage. Sodann aber gefährden sie wesentliche Interessen der Rechtspflege, insbesondere die Einheit des Rechts, endlich verletzen die Vorschläge der Friedensfreunde die Interessen der Parteien.

I. Kapitel:

Unrichtige Grundlage.

Die Friedensfreunde glauben, durch den von ihnen eingeschlagenen Weg Streitigkeiten verhüten und entstandene Streitigkeiten ohne Prozeß durch ein Güteverfahren aus der Welt schaffen zu können. Wir müssen deshalb untersuchen: Lassen sich diese Ideen der Friedensfreunde überhaupt verwirklichen?

I. Der deutsche Rechtsfriede.

1. Verschiedene Freunde des Güteverfahrens, so Lütkemann,[1]) sprechen von der im Volk vorhandenen Prozeßsucht, welche unter allen Umständen eingedämmt werden müsse. Besonders werden die Bauern als prozeßsüchtig bezeichnet, obwohl darüber unter den Friedensfreunden anscheinend noch nicht völlige Einigkeit herrscht. Es führt nämlich Prof. Dr. P. Glaue[2]), Jena, in seinem Artikel: „Prozeßsucht und Güte auf dem Lande" aus:

> „Die Prozeßsucht des Bauern zeigt sich in zwiefacher Weise, einmal darin, daß er sehr schnell bereit ist, einen Prozeß anzufangen,[3]) und zum anderen darin, daß er den einmal angefangenen Prozeß, wenn irgend möglich bis zur letzten Instanz weitertreibt."

Nordhausen[4]) dagegen schreibt in seinem Artikel: „Weshalb der erwerbstätige Mittelstand das Güteverfahren braucht."

---

[1]) Zit. bei Graef in Gruchots Beitr. 1915, 864.

[2]) Deutscher Rechtsfriede 128.

[3]) Von mir gesperrt.

[4]) Deutscher Rechtsfriede 186 ff.

„Gewiß ist, daß der ländliche wie der städtische Mittelstandsmann jedem Verkehr mit der Behörde und nun gar mit dem Gericht in weitem Bogen aus dem Wege geht. Vor nichts erschrickt er mehr als vor einem Schreiben „von oben", alleweil wittert er Unheil dahinter. Jeder Freund des Rechts und Freund der bescheidenen Unabhängigen, die die letzte Kraft unseres Volkes darstellen, wird das tief bedauern und baldigen gründlichen Wandel herbeiwünschen. Aber mit gegebenen Größen und ererbten Vorstellungen muß man rechnen. Und jedenfalls entschließt sich der Bauer wie der Handwerker zu nichts schwerer, als zu einem Prozesse.[1])

Selbst wenn sein gutes Recht sonnenklar ist und nur bewußte Tücke und Unredlichkeit es ihm verweigern, selbst dann wird er bis zum letzten Augenblick mit dem Gang zum Gericht zögern. Oft so lange zögern, bis er um sein gutes Recht gekommen ist."

2. Es ist jedoch vollständig unrichtig, von einer Prozeßwut des Volkes zu sprechen.[2]) Gerade das Gegenteil ist der Fall. Die weit überwiegende Mehrzahl der Prozesse entspringt rein wirtschaftlichen Verhältnissen. Wo viel Handel und Verkehr ist, da gibt es naturgemäß Meinungsverschiedenheiten und damit Prozesse. Man kann diese Prozeßwut auch nicht aus der Steigerung der Prozesse entnehmen, denn mit dem wachsenden Handel und Verkehr wächst selbstverständlich auch die Zahl der Prozesse.

Die Prozesse, welche wirklich aus reiner Prozeßwut geführt werden, machen einen außerordentlich geringen Prozentsatz aus. Sie werden aber auch nicht verschwinden, wenn ein Güteverfahren eingeführt wird. Gerade die eigentlichen Prozeßhansel trifft das Güteverfahren nicht, denn die sind mit oder ohne Sühneverfahren nicht von dem Prozesse abzuhalten.

Das gibt auch die Denkschrift des deutschen Handwerker- und Gewerbekammertages[3]) S. 5 zu, wenn sie über die hohen und wechselnden Prozeßziffern schreibt:

„Sehr zu Unrecht werden diese Prozeßziffern auf eine Prozeßwut, auf eine angeblich bei dem Deutschen besonders

---

[1]) Von mir gesperrt. Verf.

[2]) Zustimmend Soldan: „Die sogenannte Prozeßseuche des deutschen Volkes" in DRZ. 1916, 121 ff.

[3]) Die Unwirtschaftlichkeit der Zivilrechtspflege. Hannover 1916.

ausgeprägte Freude am Kampfe ums Recht zurückgeführt. Die Rechtsuchenden wollen ihr Recht . . .“

3. Deinhardt will nun für das Volk den Rechtsfrieden, Ruhe und Frieden der Seele. Das wird es jedoch, solange es Menschen gibt, niemals geben. Die Anhänger des Güteverfahrens verfallen genau in denselben Fehler wie die Friedensfreunde auf dem Gebiete des Völkerrechts.

In meinem Buche:[1]) „Völkerrecht und Landkrieg“ S. 1 ff. habe ich ausgeführt:

„Man sprach von einer allgemeinen Versöhnung der Völker und Regelung ihrer Streitigkeiten durch internationale Schiedsgerichte. Der Krieg als Lösung völkerrechtlicher Streitigkeiten sollte der Vergangenheit angehören. Noch sind vom neuen Jahrhundert nicht 20 Jahre ins Land gegangen und wir erlebten die Kriege zwischen Rußland und Japan, zwischen Italien und Türkei, wir schauten die furchtbaren Kämpfe zwischen dem Balkanbund und der Türkei, wir sahen das blutige Ringen der Balkanstaaten untereinander. Der Ausbruch dieses entsetzlichen Weltkrieges, in welchen unser teures Vaterland und seine treuen Bundesgenossen jetzt verwickelt sind, wird wohl alle Friedensfreunde davon überzeugt haben, daß, so lange Menschen existieren, es Krieg geben wird und Krieg geben muß. Die Geschichte wenigstens hat uns nichts anderes gelehrt.“

Was vom Leben der Völker gilt, das gilt auch vom Leben der Einzelnen. Die Freunde des Güteverfahrens setzen Idealmenschen voraus, die es in Wirklichkeit nicht gibt. Solange es Menschen gibt, wird es Kampf geben, das liegt schon in der menschlichen Natur. Es ist ja sehr ideal gedacht, was Landgerichtsrat P. Eberhard geschrieben hat, allein sein Ideal entspricht nicht der Wirklichkeit.

Ich weiß nicht, ob er etwas davon gelesen hat, wie jetzt, während des Krieges, manche Kreise des deutschen Reiches gegen die Reichsleitung kämpfen, wie die einen Kreise eine Neuorientierung der Politik im Innern erstreben, während andere Kreise einer solchen Neuorientierung den Kampf bis aufs Messer ankündigen, ich weiß nicht, ob ihm bekannt geworden ist, daß in dieser Zeit des inneren Gottesfriedens ein neues Reichsamt errichtet wurde, das das Herz eines jeden Patrioten höher schlagen läßt: Das Reichswucheramt! Es sind das bloß ein paar Beispiele dafür, wie es mit dem

[1]) Stölzle, Völkerrecht und Landkrieg. Gemeinverständliche Darstellung für das Volk. Jos. Köselsche Buchhandlung, Kempten und München 1915, 207 S.

„Gottesfrieden hier im Innern" aussieht. Wir müssen die Menschen nehmen, wie sie sind und nicht, wie sie sein sollten:[1])

Der deutsche Rechtsfriede ist genau so eine Utopie wie der allgemeine Völkerfriede.

II. Das Güteverfahren.

Die Friedensfreunde wollen Prozesse verhüten und damit den deutschen Rechtsfrieden erreichen durch Einführung eines Güteverfahrens. Da frage ich nun:

Wenn die Parteien gezwungen werden, vor dem Friedensgericht zu erscheinen, wenn der Kläger seinen Anspruch geltend macht, wenn beide Parteien sich auf Zeugen berufen, wenn im Sühneverfahren sogar Zeugen vernommen und auf Parteiantrag beeidigt werden können, ja heißt man das nicht gar schon einen Prozeß? Ist nicht das, was nach Behauptung der Friedensfreunde verhütet werden soll, schon vorhanden, nämlich der Prozeß?[2]) Was aber vorhanden ist, kann nicht mehr verhütet werden.

Es ist das Verdienst des Amtsgerichtsrats Dr. Levin in Berlin-Schöneberg mit den gerade bei den Freunden des Güteverfahrens herrschenden Begriffsunklarheiten aufgeräumt und immer wieder und wieder, zuletzt in JW. 1916, 1375 darauf hingewiesen zu haben, daß die sogenannte Erörterung der Sachlage und Feststellung der für die „Schlichtung" erforderlichen Tatsachen, gegebenenfalls durch Zeugenvernehmungen nichts anderes ist, als eine summarische mündliche Verhandlung vor dem Prozeßgericht.

Wir haben also gesehen, daß der Ausgangspunkt der Friedensfreunde ein vollständig falscher ist.

II. Kapitel:

Verletzung der Interessen der Rechtspflege, insbesondere die Gefährdung der deutschen Rechtseinheit.

Jahrhundertelang war Deutschland zerrissen, die Partikularrechte blühten, von einem einheitlichen Recht und einer einheitlichen Rechtsfindung war wenig zu spüren. Die territoriale Zerrissenheit fand ihr Ende durch die Reichsgründung und es war das Bestreben aller Reichsfreunde, das Deutsche Reich noch fester zu kitten auf der einen

---

[1]) Vollständig zutreffend: Cahn, Gerichtsentl. 30.

[2]) Gleicher Ansicht: Levin in Rhein. Z. 1916, 228; JW. 1916, 1375.

Seite durch die Beseitigung jeder Sondergerichtsbarkeit und Einführung einer einheitlichen Gerichtsorganisation, auf der anderen Seite durch Schaffung eines einheitlichen Prozeßrechts und eines einheitlichen materiellen Rechts. Beide Ziele wurden nach schweren Mühen und Kämpfen erreicht. Die Friedensfreunde nun sind es, welche durch ihre Vorschläge die deutsche Rechtseinheit auf das Schwerste gefährden. Die einheitliche Gerichtsorganisation wird gefährdet durch Schaffung neuer Sondergerichte, die Einheit des formellen Rechts wird verletzt durch Schaffung einer neuen Prozeßordnung neben der bisherigen, die Einheit der Anwendung des materiellen Rechts wird illusorisch gemacht durch Einführung des Laienelements.

I. Schaffung neuer Sondergerichte.

Es hat bisher als Regel gegolten, daß jeder sein Recht zu nehmen habe vor seinem ordentlichen Richter. Nur wenig Ausnahmen waren gestattet, ich erinnere an die Schiedsgerichte und die bedauerlicherweise unter Mithilfe von Anwälten geschaffenen Kaufmanns- und Gewerbegerichte. Daß Sondergerichte den Grundsatz der Einheit des Rechts gefährden müssen, brauche ich wohl nicht weiter zu erörtern.

Zutreffend bemerkt Warschauer in einem Artikel „Zur Frage der Sondergerichte“ [1]) über die Gewerbe- und Kaufmannsgerichte, die von Delius im Recht 1915, 546 als „Zwangsvergleichsanstalten“ bezeichnet werden:

> „Die Mängel, die den Gewerbe- und Kaufmannsgerichten anhaften, rühren, kurz gesagt, daher, daß sie Laien-, Klassen- und Sondergerichte sind. Als Laiengerichte fehlt es ihnen an der erforderlichen juristischen Fachkenntnis und Schulung; als Klassengerichte bieten sie keine hinreichende Gewähr für ihre Unabhängigkeit und Unparteilichkeit; als Sondergerichte bewirken sie eine bedrohliche Zersplitterung der Rechtspflege und eine bedenkliche Rechtsunsicherheit.“

Warschauer fährt dann fort:

> „Wenn bisher nur von den Beisitzern der Sondergerichte die Rede gewesen ist, so hat vor wenigen Jahren der Münchener Gewerbegerichtsdirektor Dr. Prenner auch die Unabhängigkeit der Vorsitzenden erheblich in Zweifel gezogen. („Zur Frage der Unabhängigkeit der Gewerbe- und Kaufmannsgerichte im Deutschen Reich“ in den „Annalen für soziale Politik und Ge-

---

[1]) DRZ. 1916, 439 ff.

setzgebung" 1. Band Heft 2 und 3.) Prenner, dem man Sachkunde gewiß nicht absprechen kann, kommt zu dem Ergebnisse, daß bei der Art, wie die Bestellung der Gewerbe- und Kaufmannsgerichtsvorsitzenden erfolge, die notwendigen Garantien für deren Unabhängigkeit nicht vorlägen. Die Wahl des Vorsitzenden geschehe durch Personen, die von der Tätigkeit des Gerichts direkt und persönlich berührt würden. „Wiederholt müssen die einflußreichsten Wähler der Vorsitzenden vor dem Gewerbe- und Kaufmannsgericht Recht nehmen und werden wohl gelegentlich auch ins Unrecht versetzt, ja vielleicht sogar durch Verhängung von Ordnungsstrafen betroffen werden."

Und trotz dieser Mängel wollen die Friedensfreunde neue Sondergerichte schaffen.[1])

Nach dem Entwurf der Güteordnung sind nämlich zum Schlichten und Richten (§ 5) zuständig:

1. die Rechtsauskunftsstellen der Gemeinden und Kommunalverbände,
2. Einigungs- und Schlichtungsämter der Innungen,
3. " " " " Innungsausschüsse,
4. " " " " Handelskammern,
5. " " " " Handwerkskammern,
6. " " " " Gewerbekammern.
7. die Handwerksämter und Einziehungsämter solcher Körperschaften,
8. die Einrichtungen gemeinnütziger und berufsständischer Körperschaften, die von der obersten Landesbehörde mit dieser Aufgabe betraut sind,
9. die staatlichen Schiedsämter,
10. die Amtsgerichte.

Wenn die juristische Fakultät einer Universität die Preisaufgabe gestellt hätte: „Wie kann jeder seinem ordentlichen Richter entzogen werden?", dann würden die Lehmannschen Vorschläge die beste Lösung dieser Frage bedeuten.

II. Gefährdung der formellen Rechtseinheit.

Eine richtige Anwendung des materiellen Rechts ist ohne ein wohlgeordnetes systematisches, einheitliches Verfahren nicht denkbar. Die Verfahrensvorschriften müssen möglichst einfach und insbesonders

---

[1]) Gegen diese Sondergerichte auch Bovensiepen in DRZ. 1913: „Über Kaufmanns- und Gewerbegerichte" 379 ff.; RheinZ. 252 ff.; Böttger l. c.

einheitlich sein, damit nicht über der Beobachtung der Formvorschriften die Anwendung des materiellen Rechts leidet. Es war deshalb die Schaffung einheitlicher Prozeßgesetze eine der größten Errungenschaften des Jahres 1879, weil sie ein einheitliches Prozeßrecht für das ganze Deutsche Reich brachten.

Bei späteren Gesetzen wurde, soweit es sich um Verfahrensvorschriften handelte, immer auf die analog anzuwendenden Vorschriften der deutschen Zivilprozeßordnung verwiesen.

Bei den von den Friedensfreunden geschaffenen Vermittlungsstellen ist nun das Verfahren ein anderes vor den nichtstaatlichen Gütestellen wie vor den staatlichen Schiedsämtern, das Verfahren vor den staatlichen Schiedsämtern dagegen ist wieder ein anderes wie vor den staatlichen Zivilgerichten. Daß damit die Einheit des formellen Rechts vollständig verloren geht, liegt wohl auf der Hand.

A. Verschiedenheit des Verfahrens vor den nichtstaatlichen Gütestellen und den staatlichen Schiedsämtern.

Das Verfahren vor den nichtstaatlichen Gütestellen bestimmen diese selbst unter Genehmigung der Justizverwaltung. Wer ein Freund der Abwechslung ist, kommt hier reichlich auf seine Rechnung. Die eine Rechtsauskunftsstelle der Gemeinde wird als Gütestelle öffentlich verhandeln, die andere hinter verschlossenen Türen. Das eine Einigungsamt der Handelskammer führt die Mündlichkeit des Verfahrens ein, das andere dagegen die Schriftlichkeit. Das eine Einziehungsamt läßt die Vernehmung von Zeugen und Sachverständigen zu, das andere Einziehungsamt dagegen nicht usw.

B. Das Verfahren vor den staatlichen Schiedsämtern.

Das Verfahren vor den staatlichen Schiedsämtern ist also ein anderes als vor den nichtstaatlichen Gütestellen. Während in der deutschen Zivilprozeßordnung das Verfahren von dem Grundsatz der Öffentlichkeit und Mündlichkeit beherrscht wird, einem Verfahren, das nach ganz bestimmten Formen sich abwickelt, wird in dem Verfahren vor den staatlichen Schiedsämtern mit diesem Grundsatz gebrochen, an Stelle der Öffentlichkeit tritt ein geheimes Verfahren, der Grundsatz der Mündlichkeit des Verfahrens wird durchbrochen, an Stelle der Einhaltung bestimmter Formvorschriften tritt köstliche Formlosigkeit.

1. Ausschluß der Öffentlichkeit.

„Das Verfahren ist nicht öffentlich." Mit diesem lapidaren Satz werden die Vorschriften über das Verfahren vor den Gerichten eingeleitet. Während vor den nichtstaatlichen Gütestellen die Öffentlichkeit des Verfahrens bestimmt werden kann, ist dies bei den staatlichen Schiedsämtern geradezu ausgeschlossen.

Wer die Geschichte der Rechtswissenschaft kennt, der weiß, daß es unsäglicher Kämpfe bedurft hat, bis die Öffentlichkeit des Verfahrens im Straf- und Zivilrecht erreicht war. Ich halte es für überflüssig, auch nur ein Wort darüber zu verlieren, daß das Verfahren auch in Zivilsachen, auch im Güteverfahren öffentlich sein muß. Wenn etwas hinter verschlossenen Türen verhandelt wird, dann sagt das Volk mit Recht, daß die Sache das Licht der Öffentlichkeit nicht verträgt.[1])

Die Öffentlichkeit des Verfahrens wirkt geradezu prozeßvorbeugend: Mancher Schuldner und mancher Gläubiger erledigt seine Sachen ohne Gericht, weil er die Öffentlichkeit des Verfahrens scheut. Die Öffentlichkeit des Verfahrens brauchen nicht nur die Parteien, sondern insbesonders auch die Richter. Sie ist für sie das beste Schutzmittel gegen Angriffe auf ihre Objektivität.

Das sind so selbstverständliche Dinge, daß man sich nur wundern kann, wenn man sie in unserer aufgeklärten Zeit noch besonders betonen muß.

2. Einschränkung der Mündlichkeit des Verfahrens.

Wir haben oben S. 22 gesehen, daß vor den nichtstaatlichen Gütestellen die Mündlichkeit des Verfahrens ausgeschlossen und das rein schriftliche Verfahren eingeführt werden kann. Im Verfahren vor den staatlichen Schiedsämtern kann das Schiedsamt schriftlich und mündlich von den Parteien, von Zeugen und Sachverständigen Auskünfte einziehen, es kann sich mit schriftlichen Auskünften von Zeugen und Sachverständigen begnügen, wenn die persönliche Vernehmung nach Lage der Sache kein anderes Ergebnis erwarten läßt.

Wiederum wird von den Friedensfreunden leichten Herzens einer der bewährtesten Grundsätze: „der Grundsatz der Mündlichkeit des ganzen Verfahrens" über Bord geworfen.[2]) Wer Gelegenheit hat, vielen Zeugenvernehmungen in Zivil- und Strafsachen beizuwohnen,

---

[1]) Vgl. auch Degen l. c. 260, 329.

[2]) Vgl. übrigens auch § 23 der Gerichtsentlastungsnovelle.

der weiß, wieviel Mißverständnisse schon bei diesen mündlichen Vernehmungen vorkommen, auf Seite der Parteien, Zeugen, Sachverständigen, Richter, Vertreter, um wieviel mehr werden sie vorkommen bei schriftlichen Auskünften von Zeugen und Sachverständigen!

3. Die Formfreiheit.

„Das Verfahren ist formfrei." Ein weiterer lapidarer Satz. Das Schiedsamt kann anordnen, was nach der Besonderheit des Falles das Zweckmäßigste ist, d. h. auf deutsch: Das Schiedsamt kann tun, was es will. Es wird also hier dem Schiedsamt zur Erledigung einer kleineren Streitsache eine viel größere Machtbefugnis eingeräumt als dem Richter am Landgericht oder Oberlandesgericht zur Erledigung der größten Streitsache!

Ich kann vor dieser Formlosigkeit des Verfahrens nicht genug warnen. Die Einhaltung bestimmter Formen ist im Interesse des Richters und der Parteien zur geordneten Erledigung des Prozesses absolut notwendig,[1]) denn ein Verfahren ohne jede Förmlichkeit führt zu nichts anderem als zur schrankenlosen Willkür.

III. Gefährdung der materiellen Rechtseinheit.

A. Allgemeines.

Durch die Gründung des Deutschen Reiches wurde es ermöglicht, mit den meisten Partikularrechten aufzuräumen und für das Deutsche Reich ein einheitliches materielles Recht zu schaffen. Die Krönung der Gesetzgebung auf dem Gebiete des materiellen Rechts bildet das Bürgerliche Gesetzbuch. Man kann jetzt wohl sagen: Ein Reich, ein Recht.

Wenn wir auch im allgemeinen ein einheitliches Recht haben, so bietet doch die Anwendung desselben infolge der zahlreichen Bestimmungen und der Kompliziertheit unserer wirtschaftlichen Verhältnisse große Schwierigkeiten und sie stellt an den Juristen ganz außerordentliche Anforderungen.

Die Wissenschaft des Rechts ist äußerst kompliziert geworden; sie erschließt sich nur dem, der jahrelang sich liebevoll mit ihr befaßt. Der Staat selbst sorgte durch Einführung schwerer staatlicher Prüfungen dafür, daß Unberufene, Nichtbefähigte nicht zum Richteramt gelangen können. Mit Recht verlangt der Staat von seinen Juristen das Höchste, weil sie auch das Höchste im Staate pflegen sollen:

---

[1]) Zustimmend: Levin in RheinZ. 226.

Das Recht. Justitia fundamentum regnorum. Die ganze Gerichtsorganisation und die Ausbildung des deutschen Juristen verfolgen den Hauptzweck: Sicherstellung einer einheitlichen Anwendung des materiellen Rechts im ganzen Deutschen Reich.

Vierhaus l. c. 591 gibt einem ähnlichen Gedanken Ausdruck, wenn er schreibt: „Der Zivilprozeß ist die schwerste Art der juristischen Tätigkeit. Nur bei vollem Eindringen in sein Wesen, nur bei voller Klarheit über die prozessualische Stellung der Parteien, nur bei unfehlbarem Takt in der Würdigung des Vorbringens der Parteien, nur bei voller Beherrschung des materiellen Rechts kann ein gedeihliches, zutreffendes Erkenntnis erzielt werden."

B. Das anzuwendende Recht.

Die Friedensfreunde stellen als Grundsatz auf, daß die Entscheidung nach dem Gesetz ergehe. Das ist doch wohl etwas Selbstverständliches. Daneben aber hat die Entscheidung auch möglichst die Billigkeit und die besonderen Verhältnisse der Beteiligten zu berücksichtigen. Es wird also hier neben das Gesetz ein Recht gesetzt, das der allgemeinen Billigkeit und der besonderen Verhältnisse der Parteien. Es ist das ein Widerspruch und zugleich eine Gesetzwidrigkeit. Wenn ein Millionär einem armen Handwerksmann 100 Mk. geliehen hat, dann muß der Handwerksmann diese 100 Mk. auf die bestimmte Zeit zurückbezahlen, wenn auch der allgemeine Anstand, die Billigkeit und die besonderen Verhältnisse des Beklagten (beispielsweise große Familie) es erfordern würden, daß der Millionär die 100 Mk. herschenkt.

Diese Berücksichtigung der Billigkeit, soweit sie nicht im Gesetz ihre Grundlage hat (§§ 133, 157, 242 BGB.), und der besonderen Verhältnisse der Beteiligten führt zu nichts anderem als zum Gefühlsrecht, zur Gesetzesverletzung, zur Willkür und damit zur Gefährdung der Einheit des Rechts. Die gleichen Gefahren hat, wie ich im Folgenden zeigen werde, die Beiziehung des Laienelementes in der Zivilrechtspflege zur Folge.

C. Das Laienelement in der Zivilrechtspflege.

1. Allgemeine Ausführungen.

Man sollte meinen, daß es im Deutschen Reich keinen Juristen geben würde, der von den unter III A eben angeführten Grundsätzen nicht überzeugt wäre, nämlich daß eine einheitliche Anwendung des materiellen Rechts nur durch einen hochgebildeten Juristenstand möglich ist. Gleichwohl bringen die Friedensfreunde es fertig, auch für die Zivilrechtspflege die möglichste Beiziehung des Laienelements zu empfehlen. Die einen wollen überhaupt nur Laien als Friedensrichter, die anderen dagegen wollen die Laien nur als Beisitzer, während ein Jurist Vorsitzender sein soll.

a) Rechtsanwalt Justizrat Bamberger in Aschersleben[1]) will nach italienischem Muster die Friedensgerichte nur mit Laien besetzen. Ich habe darüber in der Bayerischen Staatszeitung l. c. geschrieben:

„Das kommt mir gerade so vor, wie wenn ich zur Vornahme einer Blinddarmoperation einen Juristen aufstellen würde. Der Laie braucht nach Bamberger das Recht gar nicht zu kennen. „Die Billigkeit, ... das lebende Recht, wird in erhöhtem Maße gegenüber dem unveränderlichen Buchstaben des geschriebenen Rechts zur Geltung kommen." Bamberger setzt damit an Stelle des Rechts die Willkür. Wir Deutsche haben wirklich allen Anlaß, italienische Muster nachzuahmen. Bamberger braucht bloß 15 000 Laienrichter. Welche Kosten verursachen sie, wie würde es da mit der Rechtseinheit und Rechtssicherheit in Deutschland aussehen? Bambergers Vorschläge schaffen nichts anderes als neue Sondergerichte."

b) Aber auch nach den neuen Vorschlägen Lehmanns[2]) ist es nicht ausgeschlossen, daß in den Gütestellen ausschließlich Laien tätig sind. Denn mit dem Güteverfahren können ja u. a. betraut werden die Einigungs- und Schlichtungsämter der Innungen, Innungsausschüsse, die Handels-, Handwerker- und Gewerbekammern, die Handwerksämter und Einziehungsämter solcher Körperschaften, die Einrichtungen gemeinnütziger und berufsständischer Körperschaften, die die oberste Landesbehörde mit dieser Aufgabe betraut hat. Diese Ämter dürfen nicht bloß schlichten, sie dürfen auch richten (§ 21).

Wenn nun die Leiter dieser Gütestellen nicht rechtskundig sind, was ja zulässig ist (§ 8), dann wird Recht gesprochen von Leuten, welche von der Rechtswissenschaft auch nicht die mindeste Ahnung haben. Daß da Entscheidungen herauskommen müssen, welche mit dem positiven Recht im schreiendsten Widerspruch stehen, liegt auf der Hand. Rechtskenntnis gehört aber nicht bloß zum Richten, sondern auch zum Schlichten. Wie will ich denn einer Partei sagen, ob sie

---

[1]) Recht 1915, 526 ff.

[2]) Es ist ein Widerspruch Lehmanns (S. 90) auf der einen Seite als Leitsatz aufzustellen: „Schlichten verlangt Rechtskunde", und auf der anderen Seite Nichtrechtskundige (S. 77) als Leiter der nichtstaatlichen Gütestellen zuzulassen.

Recht oder Unrecht hat, wenn ich als Schlichter gar nicht weiß, was Recht und was Unrecht ist? Die Rechtseinheit wird wohl am meisten gefährdet durch Laien, welche das Recht gar nicht kennen.

c) Den Friedensfreunden ist ein neuer Kämpfer entstanden in der Person des Landgerichtspräsidenten Felsmann in Breslau, welcher in Recht und Wirtschaft 1916, 207 ff. vorschlägt, für Bezirke von vielleicht 5000—10 000 Einwohnern einen Friedensrichter, vielleicht auf Grund von Vorschlägen kommunaler Körperschaften, zu ernennen.

„Sein Amt ist ein Ehrenamt, was jedoch eine kleine Bezahlung von jährlich etwa 1000 Mk. nicht ausschließt. Er wird auf die Zeit von drei oder fünf Jahren ernannt und kann immer wieder ernannt werden. Rechtskenntnisse sind für das Amt zwar erwünscht, aber keineswegs erforderlich. Der Friedensrichter muß ein Mann in gehobener Lebensstellung, von untadeliger Rechtschaffenheit, vielleicht ein ehemaliger Offizier oder Beamter, ein größerer Gutsbesitzer oder Industrieller sein, der sich des allgemeinen Ansehens erfreut und mit klarem praktischen Blick ein warmes Verständnis für die Anschauungen des Volkes verbindet. Einen aktiven Beamten, insbesondere einen Richter oder Rechtsanwalt zum Friedensrichter zu bestellen,[1] empfiehlt sich wohl nicht."

„Der wohl für sehr lange Zeit gesunkene Wert des Geldes rechtfertigt es, die Prozeßzuständigkeit des Amtsgerichts bis auf 1000 Mk. zu erhöhen. Vor dem Amtsgericht soll aber ein bürgerlicher Rechtsstreit erst dann anhängig gemacht werden, wenn ein Verfahren vor dem zuständigen Friedensgericht zu keinem Ergebnis geführt hat. Es würden also alle vor das Amtsgericht gehörenden Rechtsstreite erst vor dem Friedensrichter zu verhandeln sein. — Das Hauptziel der Verhandlung vor dem Friedensrichter ist die Erreichung eines billigen Vergleichs. Es wird sich aber weiter empfehlen, dem Friedensrichter auch die Befugnis einzuräumen, Anerkenntnis- und Versäumnisurteile zu erlassen. Darüber hinaus wäre es wohl am Platze, dem Friedensrichter die Erledigung wirtschaftlich geringfügiger und rechtlich einfacher Sachen zu übertragen, also etwa der Sachen bis zum Werte von 100 bis 200 oder 300 Mk., der kleinen Mietstreitigkeiten u. dgl. In diesen Sachen würde der Friedensrichter Beweis erheben .... Das Verfahren würde möglichst formlos zu gestalten sein ....

---

[1]) Von mir gesperrt! Verf.

Gegen jedes Urteil des Friedensgerichts würde innerhalb einer kurzen Frist die Entscheidung des Amtsgerichts angerufen werden können. Gegen die Entscheidung des Amtsgerichts in diesen kleinen Sachen würde aber höchstens eine schriftliche Revisionsbeschwerde an das Landgericht einzuräumen sein."

Ich verweise gegenüber diesen Ausführungen auf meine folgenden Darlegungen und die vernichtende Kritik, die Levin, JW. 1916, 1375 über diese Vorschläge gefällt hat.

2. Ablehnung des Laienelements.

Ich lehne die allgemeine Einführung des Laienelements für die Zivilrechtspflege ab, mag nun ein Laie Vorsitzender oder Beisitzer einer Gütestelle sein.

a) Das Urteil des Laien ist, wie wir eben gesehen haben, durch keinerlei Rechtskenntnis getrübt. Er kann in der Zivilrechtspflege überhaupt nicht mitreden, weil ihm die Rechtskenntnis fehlt. Das Laienelement in der Zivilrechtspflege führt zur Verflachung der Rechtswissenschaft und des Rechts.[1])

b) Die Beiziehung des Laienelements ist auch vom Standpunkt einer objektiven Rechtspflege nicht zu empfehlen, weil es dem Laien in vielen Fällen an der nötigen Objektivität der Sachbehandlung gebricht. Vielfach wurden die Laienbeisitzer zu ihrem Amt nach ihrer Parteizugehörigkeit gewählt, obwohl Partei und Richtertum in der Rechtsprechung sich ausschließen sollen. Oft kennt auch der Laie die Parteien, ist mit der einen oder anderen Partei befreundet, steht mit ihr in Geschäftsverbindung, er will keiner Partei zu wehe tun oder er benützt geradezu die günstige Gelegenheit, bei welcher er als Richter tätig sein darf, dazu, einem unangenehmen Konkurrenten eines auszuwischen. Das Urteil des Laien ist vielfach von Erwägungen beeinflußt, welche mit dem Rechte gar nichts zu tun haben.

Es ist schon für den unabhängigen Richter außerordentlich schwer, vollständig objektiv zu sein, wieviel mehr für den abhängigen Laien! Warum hat man für den Richter die absolute Unabhängigkeit erstrebt? Doch wohl nur deshalb, weil nur der unabhängige, unbeeinflußte Richter recht und gerecht richten kann.

Das Laienelement in der Zivilrechtspflege führt zu nichts anderem als zur Willkür im Recht; man kann meines Erachtens dem Richter

---

[1]) Cahn, Gerichtsentl. 14.

kein größeres Armutszeugnis ausstellen, als wenn man ihm in Zivilsachen Laien zur Seite setzt.[1])

c) Bovensiepen in RheinZ. 1916, 271 ist für die Beiziehung des Laienelements, weil dem Friedensamt ein hohes Maß von Sach- und Fachkunde zugeführt werde. Er meint, es müßte auf eine gleichmäßige Heranziehung etwa in Betracht kommender Vertragsgruppen (Vermieter und Mieter, Verkäufer und Käufer, Unternehmer und Besteller, Arbeitgeber und Arbeiter) bei der Auswahl der Beisitzer sorgsam Bedacht genommen werden. Denken wir nun die Sache praktisch: Für eine Friedenssitzung in der Großstadt sind 40 Fälle angesetzt. Es klagt ein Handlungsgehilfe, weil ihm vorzeitig gekündigt wurde, ein Vermieter, weil der Mieter die Miete nicht zahlt, ein Pferdehändler, welchem der Käufer die Bezahlung des Restkaufpreises für das gekaufte Pferd verweigert, ein Dienstmädchen, welchem die Herrschaft den Lohn zurückbehält, ein Schauspieler, der seine Gage nicht zu erhalten vermag, ein Künstler, dem wegen angeblicher Mängel der Kaufpreis für das Gemälde nicht bezahlt wird, ein Elektromonteur, dessen Arbeit von dem Besteller beanstandet wird usw.

Ich stelle es mir nun gar nicht einfach vor, für diese Sitzung gerade die Laien beizuziehen, welche auf den den Gegenstand des Prozesses bildenden Gebieten die notwendige Sach- und Fachkunde haben, also zwei Laien, welche die kaufmännischen Verhältnisse, die Mietangelegenheiten, den Pferdehandel, die Dienstbotensachen, die Schauspielerdifferenzen, die Arbeiten des Künstlers, des Elektromonteurs usw. kennen. Wir haben dann das Resultat, daß neben dem rechtsgelehrten Richter zwei Laien sitzen, welche in den einzelnen Fällen gerade so viel bzw. gerade so wenig Sach- und Fachkunde haben, wie der rechtsgelehrte Richter selbst. Anders wäre die Sache zu beurteilen, wenn zur Verhandlung über ganz bestimmte einzelne Fälle vom Richter sachverständige Laien beigezogen würden, weil ihm selbst die nötige Fachkenntnis fehlt. Diese Laien sind dann aber nichts anderes als die Sachverständigen, deren Vernehmung der Richter heute schon anordnen kann, um sich selbst die nötige Aufklärung zu verschaffen. Es ist also auch der von Bovensiepen

[1]) Um Mißverständnisse zu vermeiden, bemerke ich: Ich bin durchaus kein Gegner der Kammern für Handelssachen, bei welchen wir ja auch Laien als Beisitzer haben; denn hier handelt es sich meist um hochgebildete, erfahrene, unabhängige Kaufleute, die für die wenigen Handelskammern sorgfältig ausgewählt werden können, so daß eine gewisse Garantie für eine gute Rechtspflege gegeben ist.

angeführte Gesichtspunkt für die Beiziehung des Laienelements nicht durchschlagend.

d) Die Beiziehung des Laienelements wäre übrigens eine ganz erhebliche Belästigung des Volkes, wenn es außer dem Schöffen- und Geschworenendienste auch noch in Zivilsachen mitwirken müßte.

e) Außerdem aber verursacht die Beiziehung des Laienelements auch ganz bedeutende Kosten, weil man dem Laien nicht zumuten kann, umsonst zu arbeiten.

IV. Verteuerung der Rechtspflege für die Allgemeinheit.

1. Ich stehe auf dem Standpunkt, daß die Kosten der Rechtspflege hauptsächlich von denen getragen werden sollen, welche die Organe der Rechtspflege am meisten in Anspruch nehmen. Die Rechtspflege kostet dem Staat Geld. Diejenigen, welche Prozesse führen, bilden eine Minderheit des Volkes. Ich sehe nun gar nicht ein, warum der Staat durch eine möglichste Verbilligung der Rechtspflege zugunsten der prozeßführenden Minderheit die Kosten der Rechtspflege noch mehr auf die Allgemeinheit abwälzen soll, als es tatsächlich schon der Fall ist.[1])

2. Die Friedensfreunde suchen nun ihr Verfahren dem Volke hauptsächlich auch dadurch mundgerecht zu machen, daß sie eine wesentliche Verbilligung der Rechtssprechung in Aussicht stellen. Eine Verbilligung mag wohl eintreten für den Einzelnen, für die Allgemeinheit jedoch tritt keine Verbilligung sondern geradezu eine wesentliche Verteuerung der Rechtspflege ein. Nachdem die Verbilligung der Rechtspflege ein Hauptargument der Friedensfreunde für ihre Ideen ist, will ich wörtlich das anführen, was Levin, RheinZ. 1916, 220—221 ausgeführt:

> „Bamberger berechnet die Zahl der Laienfriedensrichter, die für Deutschland in Betracht kämen, nach dem Vorbilde der italienischen conciliatori auf 15000, für die er eine jährliche Vergütung von je 1000 Mk. vorsieht; ein Betrag, bei dem es ausgeschlossen sein dürfte, die erforderliche Zahl geeigneter Persönlichkeiten für die Leitung der Friedensämter zu gewinnen. Das wären 15 Millionen Mark jährlich. Dazu kämen noch, abgesehen von der Vergütung für die in größeren Bezirken not-

[1]) Gleiche Ansicht Levin in RheinZ. 1916, 221.

wendigen Bürobeamten und für die Zustellungsbeamten, die erheblichen sachlichen Kosten für die Beschaffung der notwendigen Räume, die den Friedensrichtern sicherlich nicht in den großen und mittleren Städten in den vorhandenen Stadthäusern oder Gerichtsgebäuden zur Verfügung gestellt werden könnten. Man braucht daher keinen übermäßigen Pessimismus zu verraten, wenn man die Mehrkosten auf das 3—4 fache der Kosten der erforderlichen und wünschenswerten Vermehrung der Richterkräfte schätzt, selbst unter Berücksichtigung der Ersparung an Richtergehältern, die man von der Einführung außerordentlicher Sühneämter erhofft. Unter Berücksichtigung dieser Ersparnisse hat Fischer (DRAZ. 16, 65) eine andere Berechnung aufgestellt, die sich an die Vorschläge der Denkschrift des deutschen Handwerks- und Gewerbekammertages anschließt. Diese gehen dahin, besondere Gemeinde-Vermittlungsämter einzuführen, die regelmäßig von „Volljuristen", so lautet der Ausdruck, aber unter Mitwirkung von Laienbeisitzern geleitet werden sollen. Fischer berechnet die Zahl der erforderlichen Vorsitzenden auf etwa 2000 und die der Beisitzer auf 4000. Da aber der rechtskundige Sühnerichter im Hauptamte tätig sein müßte, so müßte man seine durchschnittliche Jahresvergütung auf das Durchschnittseinkommen des Amtsrichters bemessen, das wären etwa 10 Millionen jährlich, während an Richtergehältern vielleicht $3^1/_2$ Millionen gespart würden, also eine Mehrausgabe von etwa $6^1/_2$ Millionen. Dazu kommt die Vergütung für die Laienbeisitzer, die allerdings auch erwachsen würde, wenn das Sühneamt vor dem Amtsgericht nach den Vorschlägen jener Reformer sachgemäß besetzt werden soll. Man rechne (mit Fischer) für 4000 Beisitzer durchschnittlich 150, insgesamt 600000 Beisitzertage, das macht, die Diäten auf 5 Mk. täglich angenommen, jährlich mindestens weitere 3 Millionen. Also insgesamt eine Verteuerung um etwa 10 Millionen, ohne die gar nicht zu übersehenden sachlichen Unkosten. Das kann man doch nicht im Ernst eine Verbilligung der Rechtspflege nennen. Und wenn es eine Verbilligung für die streitenden Parteien bedeutet, so fehlt es doch an zureichenden Gründen, die Allgemeinheit zugunsten Einzelner mit diesen Kosten zu belasten. Wie weit man auch den Wirkungskreis des modernen Kulturstaates abstecken mag, die kostenlose Rechtsverfolgung ist ein Geschenk, das vor anderen dringenden Aufgaben in absehbarer Zeit zurückstehen muß."

Es wird hier gehen, wie bei dem Gewerbegerichtsverfahren, über das Magistratsrat Wölbling-Berlin auf dem 29. deutschen Juristentage[1]) ausgeführt hat:

„Was nun die **Billigkeit** betrifft, ist unser Gewerbegerichtsverfahren billiger? Ja und nein, billig für die Partei, teuer für die Gemeinde; denn, wenn Sie die Statistik ansehen, die die Kosten berechnet, werden Sie finden, daß das Verfahren doch nicht billiger ist. Die Kosten sind lediglich auf andere Schultern abgewälzt."

3. Ich will übrigens nicht unterlassen, darauf hinzuweisen, daß eine Verteuerung der Rechtspflege für die Allgemeinheit auch dann eintritt, wenn der Amtsrichter als Sühnerichter in Betracht kommt. Die Sühneverhandlungen erfordern außerordentlich viel Zeit und es muß deshalb zweifellos eine Richtervermehrung eintreten. Dieser Ansicht ist auch Levin:[2])

„Um eine sachgemäße Durchführung der Sühneverhandlung zu ermöglichen, würde freilich eine gewisse Vermehrung der Richterstellen nicht zu vermeiden sein, indessen in erträglichem Umfange und im wesentlichen nur für die größeren Gerichte. Dabei ist von der Tatsache auszugehen, daß eine ordnungsmäßige Sühneverhandlung nicht weniger Zeit und Geduld erfordert, wie eine wirkliche, mündliche Streitverhandlung,[3]) wenn der Richter seiner wichtigsten Prozeßleitungspflicht, der Frage- und Aufklärungspflicht (§ 139 ZPO.) in erschöpfender Weise gerecht wird."

Vollständig zutreffend führte Oberlandesgerichtspräsident Dr. Vierhaus in Breslau auf dem 29. deutschen Juristentage in Karlsruhe[4]) im Jahre 1908 aus:

„Wenn Prozeß- und Gerichtsverfahren in ihrer Ausgestaltung von Zweckmäßigkeitsrücksichtspunkten beherrscht werden müssen und dürfen, dann ist es nicht nur erlaubt, sondern geradezu geboten, zu fragen, ob der Zweck mit den Mitteln in richtigem Verhältnis steht. Es ist eine Phrase, zu sagen, für die Rechtsfindung sei keine Aufwendung zu klein und jedes erforderliche Mittel anzuwenden; für die Justiz dürfen finanzielle Rücksichten

---

[1]) Verhandlungen des 29. deutschen Juristentages. Siehe 5. Bd. 2. Hälfte S. 688.

[2]) RheinZ. 1916, 219.

[3]) Ähnlich auch **Cahn**, Gerichtsentl. 53.

[4]) Verhandlungen des 29. deutschen Juristentages zu Karlsruhe, 5. Bd. 2. Hälfte, Berlin 1909, J. Guttentag, S. 589.

nicht obwalten. Die Rücksicht auf die Mittel der Steuerzahler gilt auch für Gerichte und Justiz, und wenn man nicht eine Erhöhung der Prozeßkosten will, so bedeutet eine solche Mehraufwendung eine Belastung der Allgemeinheit zugunsten der prozeßführenden Parteien."

III. Kapitel:
Die Gefährdung der Parteiinteressen.

Die Friedensfreunde gefährden mit ihren Vorschlägen nicht bloß die allgemeinen Interessen der Rechtspflege, sondern insbesondere auch die Interessen der Parteien. Das obligatorische Sühneverfahren mit Erscheinungszwang bedeutet einen nicht zu rechtfertigenden Eingriff in reine Privatinteressen, es führt zur Prozeßverzögerung, zur Kreditерschwerung, endlich fördert die Kostenlosigkeit des Verfahrens nichts anderes als die Prozeßsucht.

I. Das obligatorische Güteverfahren mit Erscheinungszwang.

1. Obligatorisches Güteverfahren.

Das obligatorische Güteverfahren ist unter allen Umständen abzulehnen. Zunächst legen sich ja die Freunde des Güteverfahrens eine weise Beschränkung auf, indem sie das Güteverfahren nur für die amtsgerichtlichen Sachen und einige besondere landgerichtlichen Sachen wollen von dem Gedanken ausgehend: Wer alles verlangt, erhält nichts. Daß aber ihr geheimer Hintergedanke die Einführung eines allgemeinen Güteverfahrens ist, das allen vermögensrechtlichen Streitigkeiten vorangehen muß, bringt ja Lehmann [1]) zum Ausdruck, wenn er schreibt:

„.... Noch weiter zu gehen und den Sühneversuch für alle vermögensrechtlichen Streitigkeiten, auch die Landgerichtssachen, zwingend vorzuschreiben, ist — wenigstens für den Anfang [2]) — nicht empfehlenswert ...."

Es ist aber das obligatorische Sühneverfahren in dem Umfang, wie die Gütefreunde es wollen, ohne weiteres abzulehnen. Wozu brauche ich ein Güteverfahren, wenn

a) der Beklagte, dem ich schon Dutzende von Mahnbriefen geschrieben habe, mir die darlehensweise gegebenen 100 Mk. nicht bezahlt,

---

1) Deutscher Rechtsfriede 64. Ähnlich Lüttemann l. c. 6.

2) Von mir gesperrt! Verf.

b) der Beklagte nur deshalb nicht bezahlt, weil er nicht zahlen kann,

c) der Beklagte die Schuld anerkennt,

d) der Beklagte schon vorher erklärt hat, daß er die Schuld bestreite,

e) das Sachverhältnis nur durch eine eingehende Beweiserhebung geklärt werden kann?

Die Friedensfreunde suchen allerdings um diese Klippen dadurch herumzukommen, daß sie sagen: Das Güteverfahren kann ja in bestimmten Fällen unterbleiben[1]) und darüber hat der Prozeßrichter zu entscheiden. Allein in der Praxis wird sich die Sache eben so gestalten, daß gesagt wird: Wenn wir einmal den Beklagten vor das Gericht bringen, weil er erscheinen muß, dann werden wir schon noch einen Vergleich fertig bringen; in vielen Fällen wird das aber nicht gelingen und den Schaden trägt dann der Gläubiger, der schon aus Geschäftsrücksichten seinem Schuldner immer wieder und wieder zugewartet hat. Für den Gläubiger bedeutet dann das Sühneverfahren nichts anderes als eine *ganz wesentliche Verzögerung des Prozesses*.

2. Erscheinungszwang.

Das Schiedsamt kann zu der mündlichen Verhandlung das persönliche Erscheinen der Parteien anordnen und, wie wir oben gesehen haben, gewisse Zwangsmittel anwenden. Eine Vertretung ist nur dann zulässig, wenn das persönliche Erscheinen besonders erschwert ist. Es mag in vielen Fällen das persönliche Erscheinen der Parteien erwünscht sein und ich rate einer Partei niemals ab, persönlich vor Gericht zu erscheinen, wenn das Gericht es wünscht, allein ich bin doch gegen jeden Erscheinungszwang:

a) Er bedeutet, wie schon erwähnt, einen *nichtberechtigten Eingriff in die Privatangelegenheiten der Parteien und eine außerordentliche Belästigung* derselben. Der Geschäftsmann soll stundenlang im Sühneamt warten, er versäumt viel mehr Zeit, als die Bagatellsache für ihn wert ist. Man denke an den Chef eines großen Warenhauses in einer Großstadt, der viele Hunderte von Angestellten hat. Der hätte ja gar nicht genügend Zeit, wenn er immer persönlich bei Gericht erscheinen müßte. In vielen Fällen wird sich herausstellen, daß er gar nichts weiß, wohl aber ein Angestellter, der die Sache besorgt hat. Man denke an den Arbeiter, der keinen Lohn erhält, wenn er in seiner Prozeßsache seine

[1]) So *Kulemann* im Recht 1917, 166.

Zeit vor Gericht versäumen muß, den vielbeschäftigten Arzt, der seine kostbare Zeit der leidenden Menschheit widmet, den Bauern, der während der Erntezeit sein Heu und sein Getreide einbringen muß. Es gibt eben für den Geschäftsmann, den Arbeiter, den Handwerksmann, den Arzt, den Bauern noch wichtigere Sachen zu erledigen als einen kleinen Prozeß.

Vollständig zutreffend schreibt Fischer in DRAZ. 1916, 68, 69:

„Weshalb nehmen sich die Leute denn in so kleinen Sachen einen Anwalt? Weil sie in der Zeit, welche durch Wahrnehmung der Termine verbraucht wird, mehr versäumen, als die Anwälte bekommen. Ihre eigene Zeit ist ihnen zu wertvoll, als daß sie sie an den Prozeß hängen. War es nicht gerade wirtschaftliche Zweckmäßigkeit, welche die Parteien zur Beiziehung eines Anwalts bestimmte?"

b) Er läßt sich in vielen Fällen, insbesonders wenn die Parteien weit auseinanderwohnen, beispielsweise die eine Partei in Berlin, die andere in Tübingen, überhaupt nicht durchführen. Es scheiden sohin viele Fälle überhaupt aus.

c) Gegen den Erscheinungszwang sprechen aber noch andere Erwägungen, die in der Sache selbst liegen. Vollständig zutreffend schreibt der Reichsgerichtsrat a. D. Peters l. c. S. 84 ff.:

„Ferner ist die Möglichkeit, durch Erörterung mit den Parteien zu einer richtigeren oder genaueren Feststellung des Sach- und Streitstandes zu gelangen, als sie der Inhalt der Schriftsätze oder der Vorträge der Anwälte gestatten, in vielen Fällen aus Gründen ausgeschlossen, die in der Sache selbst liegen. Man denke an die zahlreichen Fälle, in denen jemand als Erbe geklagt hat oder verklagt worden ist, der von dem streitigen Sachverhalte aus eigener Wahrnehmung überhaupt keine Kenntnis besitzt, der also höchstens auf die Aufzeichnungen des Erblassers oder auf Angaben von Hausgenossen und dgl. angewiesen ist, und, soweit solche Mittel fehlen, zu irgendwelcher näheren Auskunftserteilung überhaupt außer Stande ist. Oder man nehme den Fall, daß ein Geschäftsherr aus einer Vereinbarung in Anspruch genommen wird, die ein früherer Handlungsreisender in seinem Namen mit einem Kunden getroffen haben soll, die aber aus den von jenem ihm erstatteten Berichten nicht hervorgeht. In solchen Fällen ist der Vertreter derjenige, der in der Lage ist, die gewünschte nähere Aufklärung aus eigener Wissenschaft zu geben; der Geschäftsherr kann sich immer nur auf seine Angaben stützen. Die Erörterung des Streitfalles mit einer solchen Partei ist demnach zwecklos. Deshalb würde auch die Wirkung, die Vierhaus von der regelmäßigen Mitladung der Parteien selbst zur mündlichen Verhandlung und ihrer vom Gesetze aufzustellenden Verpflichtung zum persönlichen Erscheinen erwartet, daß nämlich das Verfahren dadurch wesentlich abgekürzt werden würde, weil damit die sonst notwendigen Vertagungen zur Einholung von Informationen wegfallen würden,[1]) in vielen Fällen in Wirklichkeit nicht eintreten, weil eben die Partei selbst in zahlreichen Fällen nur von dritter Seite über den Sachverhalt unterrichtet ist. Sie müßte sich dann auch ihrerseits erst wieder bei ihrem Gewährsmanne erkundigen. Aber wie häufig ist auch die an sich aus eigener Wahrnehmung mit dem Sachverhalte im allgemeinen bekannte Partei nicht imstande, auf ein neues tatsächliches Vorbringen des Gegners sich sofort in der mündlichen Verhandlung zu erklären, wenn bestimmte Einzelheiten namentlich bei längere Zeit zurückliegenden Vorgängen —, es braucht sich noch gar nicht um große Rechnungen, Auseinandersetzungen u. dgl., für die das vorbereitende Verfahren bestimmt ist, zu handeln — in Frage kommen. Dann kann selbst der Partei persönlich bei dem gegenwärtigen Verfahren billigerweise die nachgesuchte Vertagung der Verhandlung nicht verweigert werden, um ihr die Möglichkeit zu gewähren, in Ruhe ihr etwaiges Prozeßmaterial durchzusehen, die zur Widerlegung der gegnerischen Anführungen geeigneten tatsächlichen Umstände herauszusuchen und darüber mit ihrem Anwalte Rücksprache zu nehmen."

d) Die Folgen des Nichterscheinens (Versäumnisurteil) bei unentschuldigtem Ausbleiben sind viel zu schwere und nicht absehbare.

Wann ist das Ausbleiben „unentschuldigt"? Der gewandte Kaufmann schickt an das Schiedsamt ein Entschuldigungsschreiben. Das Schiedsamt hält das nicht für genügend und erläßt Versäumnisurteil. Es wird vollstreckt. Später stellt sich heraus, daß der Kaufmann einen sehr wichtigen Grund hatte, nicht zu kommen und daß der Anspruch der Gegenpartei vollständig unbegründet war. Wer ersetzt dem Kaufmann den Schaden, welchen er durch die Vollstreckung erlitten hat?

---

[1]) Vgl. Verhandlungen des 31. deutschen Juristentages Bd. 3 S. 867.

Der ungewandte Bauer, der einfache Arbeiter versteht das Schreiben nicht, er kommt nicht, es ergeht Versäumnisurteil, das vollstreckt wird. Erst wenn der Gerichtsvollzieher kommt, sieht er, daß er an das Schiedsamt hätte kommen sollen. Auch hier sind die Folgen zu schwere.

e) Gerade in Großstädten wird das Schiedsamt sich mit außerordentlich viel Entschuldigungsgesuchen zu befassen haben. Die Prüfung derselben wird nicht wenig Zeit in Anspruch nehmen, dazu kommen die Terminsverlegungsgesuche usw., so daß gerade auch hier der Verschleppung des von dem Kläger geltend gemachten Anspruches Tür und Tor geöffnet ist, von der Arbeit, welche dem Schiedsamt erwächst, gar nicht zu reden.

f) Der Erscheinungszwang der Parteien vor Gericht ist in vielen Fällen auch unwirtschaftlich. Wenn 40 Fälle anstehen, dann müßten 80 Parteien vor Gericht erscheinen. Es ist unwirtschaftlich, wenn 80 Personen vor Gericht ihre Zeit versäumen, während durch die Aufstellung von Vertretern die Möglichkeit besteht, die Zahl der vor Gericht erscheinenden Personen nur auf 20 herabzudrücken.

g) Die Bestimmungen über Erscheinungszwang lassen sich aber auch, wie Justizrat Werner im Sächsischen Archiv für Rechtspflege 1916 S. 335 ausführt, dadurch sehr leicht umgehen, daß der Gläubiger seine Forderung an einen Auswärtigen abtritt:

> „Er erreichte dadurch nicht nur, daß er seine Kosten erstattet erhielt, sondern daß er auch noch als Zeuge vernommen werden konnte. Die Gefahr, daß von den wenig erfreulichen Abtretungen noch mehr als bisher Gebrauch gemacht werde, war nahe. Darüber aber braucht man sich nicht zu täuschen, daß, wenn ein Güteverfahren für die Ortseingesessenen eingeführt wird, der Kölner Gläubiger, der sich nicht einigen will, ein bequemes Mittel hat, sich dem Güteverfahren zu entziehen, indem er seine Forderung an einen Königsberger abtritt."

h) Endlich aber kann es Fälle geben, in denen es eine sehr starke Zumutung an den Gläubiger ist, persönlich mit einem Gegner vor Gericht zusammentreffen zu müssen, der als ein Grobian und ungezogener Mensch erster Güte bekannt ist, der gerade die Gelegenheit bei Gericht benützt, um dem Gläubiger, der sein Geld will, eines zu versetzen. Der Erscheinungszwang bei Gericht führt übrigens, wie ich später ausführen werde, dazu, daß manche Partei überhaupt kein Geld mehr hergibt, weil sie unter keinen Umständen mit dem Gericht und dem Gegner persönlich etwas zu tun haben will.[1])

Ich will zum Schluß die ausgezeichneten Worte Steins auf dem 31. deutschen Juristentage[2]) in Wien anführen, der sich über den Erscheinungszwang der Parteien vor Gericht vernehmen ließ wie folgt:

„Zu dem persönlichen Erscheinen der Parteien möchte ich nur einige Bemerkungen machen, die vielleicht objektiv sein können, denn ich bin weder Richter noch Anwalt. Eine Überschätzung von seiten der Richter ist hier sicherlich vorhanden. Es ist durchaus nicht immer sicher, daß durch das persönliche Erscheinen alle Schwierigkeiten geklärt werden. Das hat Herr Rechtsanwalt Magnus bereits gesagt und ebenso hat er schon gesagt, daß den Parteien durch den Zwang zum persönlichen Erscheinen ein Opfer aufgelegt wird, das häufig ganz außer Verhältnis steht zu der Bedeutung, die der Prozeß für sie hat. Wir tun immer so, als wenn jemand, nachdem er eine Klage bei Gericht eingereicht hat, weiter nichts mehr wäre als Partei, als ob er seinen bürgerlichen Beruf und seine sonstigen Interessen aufgegeben hätte und nur zur Verfügung der Gerichte stehen müßte. Wenn ich heute einen Prozeß zu führen habe, der mir nicht gegerade ans Leben geht, so übergebe ich ihn meinem Anwalt, um mich entlasten zu können. Ob ich hinkomme, um persönlich meine Sache wahrzunehmen, wird noch von sehr viel anderen Gründen abhängen als gerade vom guten Willen meines Anwalts. Noch mehr gilt das von der Geschäftswelt. Ein Stinnes beispielsweise oder ein Bleichröder kann unmöglich alle seine industriellen und geschäftlichen Interessen liegen und stehen lassen, um bei Gericht irgendeine Auskunft zu geben. Und was nützt uns bei der heutigen Organisation des Erwerbslebens, beispielsweise bei Aktiengesellschaften und bei Gesellschaften mit beschränkter Haftung das persönliche Erscheinen der Parteien? Der deutsche Zivilprozeß hat den ungeheuren Fehler begangen, immer nur den einzelnen Prozeß vor Augen zu haben und zu vergessen,

---

[1]) Gegen den Erscheinungszwang im Zivilprozeßverfahren überhaupt: Oberlandesgerichtsrat Dr. Degen: „Mündlichkeit und Unmittelbarkeit der Beweisaufnahme", Verh. des 31. deutschen Juristentages 1. Bd. 1912 S. 330 Anm. 179; Wildhagen l. c. 3. Bd. 1913 S. 846. Ich verweise insbesondere auf die vollständig zutreffenden, außerordentlich lesenswerten Ausführungen des Berliner Rechtsanwaltes Justizrat Magnus auf dem 31. Juristentage in Wien l. c 828 ff. Magnus ist gegen jeden Erscheinungszwang.

[2]) 3. Bd. Berlin 1916 S. 918 ff.

daß dieser einzelne Prozeß eine Massenerscheinung für die Gerichte und die Anwälte werden kann, und daß der einzelne Prozeß für den einzelnen Prozeßführenden doch nur eine Angelegenheit neben andern in seinem Leben ist. Da wollen wir doch mit dem Aufbau des ganzen auf das persönliche Erscheinen recht vorsichtig sein."

II. Prozeßverzögerung.

Das obligatorische Sühneverfahren mit Erscheinungszwang bedeutet in vielen Fällen nichts anderes als eine ganz wesentliche Prozeßverzögerung.

Es ist eine alte Erfahrung, daß die Leute erst dann sich an das Gericht wenden, wenn alle gütlichen Mittel erschöpft sind. Der Kaufmann, der Ware auf Kredit verkauft hat, wartet seinem Kunden möglichst lange zu, um den Kunden zu erhalten, ja er benützt oft gerade die finanzielle Abhängigkeit des Kunden dazu, um demselben weitere Waren mit Gewinn zu verkaufen. Zahlt der Kunde nicht, dann wird er wiederholt von dem Gläubiger gemahnt und erst wenn alles nichts hilft, geht der Gläubiger zu Gericht. Jetzt soll der Gläubiger, der schon monatelang dem Schuldner zugewartet hat, der sich immer wieder hat vertrösten lassen, noch in einem Sühnetermin mit dem Schuldner erscheinen müssen? Ist der Schuldner gewandt, dann wird er durch Entschuldigungsschreiben die Verlegung des Sühnetermins erreichen. Erscheinen aber die Streitteile im Sühnetermin, dann wird der böswillige Schuldner auch hier sich nicht einigen,[1]) er wird bestreiten; der Gläubiger wird mit seinen berechtigten Ansprüchen immer weiter hingehalten und so kann das Güteverfahren unter Umständen die Folge haben, daß der Gläubiger mit lauter Güteverfahren schließlich sein Geld verliert.

III. Krediterschwerung.

Die Einführung des Güteverfahrens erschwert gerade den kleinen Leuten die Erlangung von Kredit. Werner S. 332 l. c. läßt sich über diese Frage zutreffend wie folgt vernehmen:

„Der Gläubiger, dem Schwierigkeiten bei der Einziehung gemacht werden, der Kaufmann, der gezwungen wird, wenn er einen Betrag erlangen will, persönlich bei Gericht zu erscheinen, wird vielfach sehr bald dazu übergehen, Kredit zu verweigern und sich auf Bargeschäfte zu beschränken. Der Erfolg wäre,

[1]) Vollständig zutreffend: Fischer in DRZ. 1916, 66.

daß viel weniger als bisher geborgt würde, und das trifft den kleinen kapitalunkräftigen Gewerbetreibenden viel härter als den Großkaufmann. Der Kleine kann vielfach nur bestehen, wenn er Kredit gibt. Er ist hierzu aber nur imstande, wenn er Kredit bekommt. Das Güteverfahren beschränkt das Borgunwesen, indem es jedes Borgen erschwert. Augenblicklich kann von einem Borgunwesen keine Rede mehr sein. Seit Kriegsausbruch wird fast jedem, der Ware hat, diese aus den Händen gerissen. Der Kaufmann gibt aber seine Ware nur auf Kredit, wenn er sie gegen bar nicht los wird. Das wird sich schwerlich in den ersten Jahren nach dem Kriege ändern. Heute wird von allen Seiten die Frage erörtert: wie ist Hypothekenkredit, wie ist anderweitiger Kredit nach dem Kriege, namentlich für die Kriegsteilnehmer, zu beschaffen? Zu derselben Zeit setzt aber eine Bewegung ein, welche sichtlich die Erlangung von Kredit erschwert. Der Gedanke dabei ist, demjenigen, der etwas schuldig geworden, zu helfen. Schneider sagt:

„Die Vorschrift des Pflichtsühneverfahrens mit seiner köstlichen Kostenlosigkeit sichert jedenfalls den leistungswilligen Schuldner davor, alsbald mit einer mehr oder weniger kostspieligen Klage bedrängt zu werden."

Auch das ist zutreffend. Aber der leistungswillige Schuldner hat heute schon bei dem Gläubiger, wenn er um Frist nachsuchte, weitgehend Gehör gefunden. Geholfen wird durch das Pflichtsühneverfahren viel weniger dem leistungswilligen Schuldner als dem böswilligen Schuldner, dem ein bequemer Weg gezeigt wird, die Zahlung zu verzögern, ohne erhebliche Kosten zu erleiden. Geholfen wird in manchen Fällen allerdings auch dem schwach gewordenen Schuldner. Aber das geht auf Kosten des Gewerbetreibenden, der seinen Verpflichtungen pünktlich nachkommen konnte und nachgekommen ist, dem aber in Zukunft infolge der geänderten Gesetzgebung die Erlangung von Kredit erschwert und jedenfalls verteuert wird. Die heutige Prozeßordnung ist hart, sie zwingt den Schuldner, im ersten Termin Rede zu stehen, und sie ermöglicht dem Richter, unbegründete Einwendungen sofort zurückzuweisen. Aber die Strenge des Gesetzes ermöglicht auf der anderen Seite Kreditgewährung, sie zwingt den Schuldner pünktlich zu zahlen, wenn er sich nicht Kosten verursachen will, und sie gewährleistet demgemäß dem Gläubiger in weitaus meisten Fällen den rechtzeitigen Eingang seiner Forderung."

Was hier Werner hauptsächlich für die Handelskreise ausgeführt hat, das gilt auch für andere Verhältnisse. Reiche Leute werden sehr oft um kleinere Darlehen angegangen und ebenso oft werden solche Darlehen von gutherzigen Menschen gewährt. Manchem kleinen Mann wurde auf diese Weise geholfen. Wurden solche Darlehen nicht heimbezahlt, dann hat der Gläubiger entweder auf sein Guthaben verzichtet oder er hat es dem Anwalt zur Einklagung übergeben. Selbst sind diese Leute nur äußerst selten zu Gericht gegangen. Zwingt man nun einen solchen Mann, persönlich vor Gericht zu erscheinen, dann wird er unter Umständen lieber auf seine ganze Forderung verzichten oder, wenn er erscheint, einen Vergleich abschließen, um weiter mit der Sache nichts zu tun zu haben. Er wird aber aus der Sache eine andere Lehre ziehen: Er wird sagen: Von mir bekommt kein kleiner Mann auch nur mehr einen Pfennig, denn ich will mich nicht noch bei Gericht herumziehen lassen und der Gefahr aussetzen, von meinem Schuldner für meine Gutmütigkeit noch schlechte Reden hören zu müssen.

Diese Krediterschwerung gerade für die kleinen Leute wird von den Friedensfreunden vollständig übersehen.[1])

IV. Förderung der Prozeßsucht durch Verbilligung der Kosten.

Ich habe schon oben S. 30 ausgeführt, daß es nicht richtig ist, durch eine möglichste Verbilligung der Rechtspflege die Kosten noch mehr auf die Allgemeinheit abzuwälzen, als es tatsächlich schon der Fall ist.[2]) Die Friedensfreunde nun erstreben eine möglichste Verbilligung der Rechtspflege für den Einzelnen; deshalb soll das Verfahren vor der Sühnestelle gebührenfrei sein, für einen vollstreckbaren Schuldtitel soll nur die Hälfte der Gebühren des Gerichtskostengesetzes erhoben werden.

Die Friedensfreunde übersehen hier eines, nämlich daß seit dem Jahre 1879 eine ganz wesentliche Verbilligung der Rechtspflege bereits eingetreten ist. Das Sinken des Geldwertes hat die Folge gehabt, daß 10 Mk. Gerichtskosten oder 10 Mk. Anwaltsgebühren vom Jahre 1879 im Jahre 1917 bloß mehr rund 5 Mk. bedeuten. Das Volk bezahlt, vom Standpunkt der Kaufkraft des Geldes aus gemessen, bereits jetzt viel weniger Gerichts- und Anwaltskosten wie im Jahre 1879. Trotzdem wollen die Friedensfreunde eine weitere Verbilligung der Rechtspflege. Das ist schon aus dem eingangs angeführten Grunde ohne

[1]) Zustimmend: Böttger l. c. [2]) Gleicher Ansicht Levin in RheinZ. 1916, 221.

weiteres abzulehnen. Wir brauchen eine gute Rechtspflege, die kann aber nicht billig sein. Es kommt aber der weitere Grund dazu:

Die Verbilligung der Rechtspflege fördert am meisten die Prozeßsucht, und das ist weder ein Vorteil für den Staat noch insbesonders für die Parteien.

Justizrat Werner in Magdeburg führt im Sächsischen Archiv für Rechtspflege 1916 S. 531 ff. hierüber aus:

„Sie (die Friedensfreunde) fragen nicht, in welchem Maße in Zukunft noch pünktlich gezahlt werden wird, wenn der Schuldner warten kann, bis er vor Gericht geladen wird, ohne daß ihm dadurch nennenswerte Kosten entstehen. . . . Es fällt in Zukunft die Furcht vor den Kosten weg, die Parteien haben keine Veranlassung mehr, den Prozeß zu scheuen, und wer weiß, daß er im Unrecht ist, wird nur zu oft das Güteverfahren an sich herantreten lassen in der Überzeugung, daß er dem Gegner immerhin etwas abzwacken wird."

Vierter Teil:

Güteverfahren und Richtertum.

1. Wer die zahllosen Reformvorschläge der letzten Jahre liest, der muß zu der Überzeugung kommen, daß es um unsere Rechtspflege außerordentlich schlecht bestellt ist. Der Breslauer Oberlandesgerichtspräsident Dr. Vierhaus bezeichnet mit Recht die allgemeine Tadelsucht und Verbesserungswut gegenüber unseren Rechtspflegeeinrichtungen als Zeit- und Modekrankheit.[1])

Die deutsche Rechtspflege ist im allgemeinen gut, sie würde bei Annahme aller Reformvorschläge um kein Haar besser. Die Reformvorschläge beziehen sich in der Hauptsache auf das Verfahren. Ich habe an einer anderen Stelle in einem Aufsatz über den „Sachrichter" GruchotsBeitr. 1917 S. 286 erscheint, geschrieben:

„Das Volk hat Anspruch auf eine gute Rechtspflege. Diese wird aber nur gewährleistet durch einen tüchtigen, welterfahrenen und wirtschaftlich unabhängigen Richterstand und einen geistig hochstehenden, wirtschaftlich kräftigen und der Partei gegenüber vollständig unabhängigen Anwaltsstand. Schaffen wir die beste Prozeßordnung, fehlen aber dem Richter und dem Anwalte die ebenbezeichneten Eigenschaften, dann werden wir trotz der besten Prozeßordnung niemals eine gute Rechtspflege haben. Umge-

[1]) Zit. bei Degen l. c. 266.

kehrt aber bedeutet ein geistig hochstehender Richter- und Anwaltsstand trotz einer vielleicht weniger guten Prozeßordnung die beste Garantie für eine gute Rechtspflege. Die Prozeßordnung ist immer nur die äußere Form, in der das Recht sich verwirklicht. Kann diese Form wirklich verbessert werden, ich bin der letzte, der dagegen sich sträuben würde. Es ist jedoch allen diesen Reformvorschlägen gegenüber größte Vorsicht am Platz. Meist ergibt eine kritische Würdigung, daß die Vorschläge wohl etwas Neues, aber nichts Besseres bringen."

2. Was ich hier ganz allgemein dargelegt habe, das gilt im besonderen so recht vom Güteverfahren.

Schon wiederholt habe ich in Wort und Schrift ausgeführt, daß die ständige Bekrittelung unserer gegenwärtigen Einrichtungen der Rechtspflege gerade durch verschiedene Richter nichts anderes schafft als Mißtrauen in die richterliche Rechtspflege, was den Ruf nach Sondergerichten zur Folge hat. Ich habe in der Bayerischen Staatszeitung 1916 S. 3 geschrieben:

> „Bambergers Vorschläge schaffen nichts anderes als neue Sondergerichte. Das ist aber für Viele geradezu der Zweck der Einrichtung des Güteverfahrens. Man lese die Denkschrift des deutschen Handwerker- und Gewerbekammertages:
>
> „Die Unwirtschaftlichkeit der Zivilrechtspflege, Hannover 1916," wo verlangt ist, daß die Friedensgerichte an den Gemeindeverband angegliedert werden, der Vorsitzende ein Jurist, Laien Beisitzer sein sollen. Es wird dann am Schluß die Einrichtung der Friedensgerichte außer den Handwerks- und Gewerbetreibenden, den Landwirten, den kleinen Handelskreisen, den Beamten, den kaufmännischen und gewerblichen Angestellten, der Arbeiterschaft usw. empfohlen. Man sieht, wohin die Reise geht: „Los vom ordentlichen Gericht" heißt hier die Losung, jedem Stand sein Sondergericht."

3. Es erfüllt mich mit großer Befriedigung, daß endlich auch solche Richter, die sich bisher gar nicht genug tun konnten in Reformvorschlägen, merken, wohin die Reise geht. Man lese die beweglichen Klagen des Oberlandesgerichtsrats Dr. Mangler in der Deutschen Richterzeitung vom 1. Oktober 1916 S. 531, wo er schreibt:

> „Der Zug der Zeit ist uns Juristen nicht hold. Namentlich wir Richter beklagen mit Recht, daß wir eigentlich recht einflußlos sind. Man will uns immer mehr ausschalten. Los von der Justiz! So hören wir es überall, wo

sich Tage und Tagungen, Vereine und Versammlungen mit Justizdingen befassen und auch die Bewegung für das Güteverfahren ist im Grunde zur Bewegung gegen die Justiz geworden.[1])

Was ich längst gesagt und geschrieben habe, bestätigt mir jetzt einer der Hauptreformer: Die Richter, die sich mit allen möglichen Reformvorschlägen geradezu überboten haben, sägen den eigenen Ast ab, auf dem sie sitzen. Sie haben das größte Mißtrauen gegen die Rechtspflege gesät, sie ernten jetzt, was sie gesät: Mißtrauen.

4. Das deutsche Richtertum hat das allergrößte Interesse daran, daß die Vorschläge der Friedensfreunde nicht Gesetz werden, denn sie führen in ihrem Endziel genau so wie die Entwicklung des Schiedsgerichtswesens[2]) zur Ausschaltung des rechtsgelehrten Richters und das ist ebenso ein Schaden für die Rechtspflege wie die Ausschaltung des Anwaltes.

Fünfter Teil:

Rechtsanwaltschaft und Güteverfahren.

Da das von den Friedensfreunden vorgeschlagene Güteverfahren einen gewaltigen Eingriff in die Tätigkeit der Gerichte bedeutet, ja, da diese Bewegung nach Mangler im Grunde zur Bewegung gegen die Justiz geworden ist, ist es von Interesse zu erfahren, welche Stellung die Friedensfreunde selbst zur Anwaltschaft einnehmen, welchen Einfluß die Durchführung des Güteverfahrens auf die Tätigkeit der Anwälte und ihre Einkommensverhältnisse hat.

I. Kapitel:

Friedensfreunde und Anwaltschaft.

I.

Man lernt die Stellung der Friedensfreunde zur Anwaltschaft am besten kennen, wenn man sie selbst sprechen läßt:

1. Amtsgerichtsrat Graef läßt sich in GruchotsBeitr. 59. Jahrgang S. 865 dahin vernehmen:

„Auf Widerstand werden prozeßverhütende Maßnahmen voraussichtlich nur in den Kreisen der Rechtsanwaltschaft zu

---

[1]) Von mir gesperrt. Verf. Siehe auch Böttger l. c.

[2]) Vgl. darüber die Aufsätze von D. W. Stein-Leipzig: „Die Entwicklung des Schiedsgerichtswesens“ in DRZ. 1915, 660 ff. und „Justizhoheit und Schiedsgerichte“ in DRZ. 1916, 25 ff., dessen warnende Stimme viel zu wenig beachtet wird.

rechnen haben, deren Interessen, wie zuzugeben ist, unter Umständen dadurch auf das empfindlichste berührt werden. Ist man aber einmal der Ansicht, daß die Prozeßverhütung eine Maßregel ist, die aus Rücksicht auf das Gemeinwohl gefordert werden muß, dann wird man über ihren Widerstand zur Tagesordnung übergehen müssen. Hierüber sind sich einsichtige, auf keine Sonderinteressen eingeschworene Anwälte auch durchaus im klaren, wie die hervorragende Mitarbeit Einzelner, z. B. des Justizrats Bamberger in Aschersleben, beweist. Die Anwaltschaft wird den unser öffentliches Leben beherrschenden Grundsatz, daß Sonderinteressen den allgemeinen Interessen unterzuordnen sind, nicht verleugnen wollen, auch wenn er sich gegen sie selbst kehren sollte."

2. Deinhardt äußert sich im Vorwort S. VIII des eingangs erwähnten Buches: „Der deutsche Rechtsfriede" dahin:

„Keiner wird zu feiern brauchen, im neuen Deutschland wird viel Arbeit im wertvollen Sinn zu leisten sein. Nur soll man nicht das Interesse am Bestande eines Standes verwechseln mit dem Bestehen einzelner Mitglieder. Über den allgemeinen Bedarf des Volkes kann auch der Einzelne nicht berücksichtigt werden."

Das ist der gleiche Autor, der im juristischen Literaturblatt S. 49 gelegentlich einer Besprechung der Schrift Bovensiepens: „Zur Erneuerung der deutschen Zivilrechtspflege" seiner Anwaltsfreundlichkeit und seinem Verständnis für die Tätigkeit dieses Standes dadurch Ausdruck gibt, daß er spricht von dem „neugebackenen Assessor, der sich in den Anwaltsberuf stürzt, um sofort vor seinem Kollegen im Staatsdienst das klingende Geld zu sehen", der von den Anwälten handelt, die „mit der Arbeitskraft des Staates ihr Spiel treiben" und „verhandeln, je nachdem sie gerade nichts Einträglicheres zu tun haben."

3. Lehmann führt aus:

„Grundsätzlich wird das Schiedsamt das persönliche Erscheinen der Parteien anordnen. Die Zulassung von Vertretern ist auf die Fälle zu beschränken, wo das persönliche Erscheinen besonders erschwert ist. Zum Ausschluß der Rechtsanwälte liegt kein gerechtfertigter Anlaß vor. Wo Vertretung überhaupt zweckdienlich, sind sie die berufensten Sachwalter des rechtsuchenden Volkes."

4. Der I. Staatsanwalt Zeiler in Zweibrücken bemerkt in einem kurzen Artikel der Bayerischen Staatszeitung vom 8. September 1916:

„Eine besonders heikle Frage fordert noch einige Bemerkungen: Der Einfluß, den die Einrichtung des Güteverfahrens auf die Rechtsanwaltschaft ausüben würde. Stölzle fürchtet schwere Schädigung des Standes und wehrt sich gegen die Maßnahme „in einem Zeitpunkt, in welchem sich die Rechtsanwaltschaft in schwerster Not befindet, in welcher Tausende und aber Tausende von Anwälten draußen für ihr Vaterland kämpfen und bluten und sich gegen die in der Heimat getroffenen schädigenden Maßnahmen nicht wehren können“ .... Es wäre beleidigend, wenn man behauptete, daß der Rechtsanwalt die ganze Frage der Prozeßgestaltung nur vom Standpunkt ihres Vorteils aus betrachte; aber es ist auch ungerecht, mit Stölzle zu sagen, daß die Bestrebungen um ein Güteverfahren von einer Voreingenommenheit gegen die Anwaltschaft eingegeben und getragen wären. Mag der oder jener Einzelne auf die Rechtsanwaltschaft und den Anwaltszwang schlecht zu sprechen sein, so darf doch der Vereinigung der Freunde des Güteverfahrens kein solcher Hintergedanke unterschoben werden. Haben doch an beiden Tagungen auch Rechtsanwälte teilgenommen, die in selbstloser Weise kleinliche Eigenrücksichten zurücktreten zu lassen vermochten hinter die Forderungen des allgemeines Nutzens.“

5. Landgerichtspräsident Felsmann in Recht und Wirtschaft 1916, 208 schreibt:

„Bei den Verhandlungen vor dem Friedensrichter wird eine Vertretung durch Rechtsanwälte zwar stattfinden können, es werden aber die Gebühren und Auslagen der Rechtsanwälte durch einen niedrigen Gesamtbetrag von etwa 5 Mark[1]) begrenzt werden müssen, damit den in der überwiegenden Mehrzahl unbemittelten Parteien in diesen geringfügigen Sachen keine unverhältnismäßig hohen außergerichtlichen Kosten entstehen.“

II.

Die Friedensfreunde wollen glauben machen, daß sie die besten Freunde der Anwaltschaft sind. Zeiler führt u. a. als Beweis für die Richtigkeit seiner Annahme die selbstlosen Rechtsanwälte an, die ihre kleinlichen Eigenrücksichten hinter die Forderungen des allgemeinen Nutzens zurücktreten lassen. Es ist ja nicht das erste Mal, daß in der Tagespresse die wenigen Rechtsanwälte, die Mitglieder

---

[1]) Von mir gesperrt. Verf.

der Vereinigung der Freunde des Güteverfahrens sind, als Aushängeschild benützt und den Anwälten gegenübergestellt werden, welche die Einführung des Güteverfahrens bekämpfen.[1]) Es kommt jedoch nicht darauf an, ob die Freunde des Güteverfahrens in ihren Versammlungen gegen die Anwaltschaft kämpfen oder nicht, sondern darauf kommt es an, welche Wirkung die Durchführung der Beschlüsse der Freunde des Güteverfahrens auf den ganzen Stand der Rechtsanwälte hat. Hat die Durchführung der Beschlüsse die Folge, daß der Anwaltsstand möglichst ausgeschaltet wird, dann kann man doch die Gütefreunde nicht als Freunde der Anwaltschaft bezeichnen, ebensowenig wie man diejenigen, welche immer die Einführung von Laiengerichten insbesondere von Schiedsgerichten predigen, als Freunde der Berufsrichter bezeichnen kann.

Wenn die gesetzgebenden Faktoren eines Staates seit 40 Jahren den Richtern immer gesagt hätten: „Wir lehnen jede Gehaltsaufbesserung ab", so würde man diese Faktoren doch unmöglich als richterfreundlich bezeichnen können, wenn sie trotz des Bedürfnisses die wirtschaftliche Besserstellung des Richterstandes ablehnen.

Wenn eine Bewegung einsetzt, die einem Stande, in concreto dem Anwaltsstande nicht nur nicht die längstersehnte materielle Besserstellung bringt, wenn diese Bewegung im Gegenteil dem Anwaltsstand einen großen Teil dessen, was er hat, noch nehmen will, dann ist in Wirklichkeit die ganze Bewegung eben nicht anwaltsfreundlich, sondern eminent anwaltsfeindlich. Es gilt eben auch hier der Satz: „An ihren Werken werdet ihr sie erkennen!"

Ich will im folgenden, um meine Behauptung zu beweisen, die Stellung der Anwaltschaft zum Güteverfahren näher kennzeichnen und dartun, daß die Einführung des Güteverfahrens zur teilweisen Ausschaltung des Anwaltes und damit zur weiteren wirtschaftlichen Schlechterstellung des Anwaltes führt und führen muß.

II. Kapitel:

Die Stellung der Anwaltschaft.

I. Allgemeines.

Wir haben eben eine Reihe von Äußerungen gehört, die dahin gehen: Wenn das Volkswohl eine Gesetzesreform erfordert, dann haben die Interessen der Anwaltschaft zu schweigen.[2])

---

[1]) Vgl. Münchner-Augsburger Abendzeitung Nr. 80 vom 11. Februar 1916.

[2]) Vgl. darüber auch Kulemann im Recht 1917, 167 ff.

Dieser Gedanke wurde auch von anderen Autoren ausgesprochen:

1. Geh. Justizrat Kammergerichtsrat Delius schrieb im Recht 1915, 549:

„Auf die Anwaltschaft kann bei Gesetzesänderungen nicht immer Rücksicht genommen werden, jeder Stand wird einmal geschädigt. Der Schaden soll jedoch ausgeglichen werden, wie weiter unten gezeigt wird.“

2. Der Münchener Oberlandesgerichtsrat Neumiller hat in BayZfR. 1915 anläßlich eines Aufsatzes über die Gerichtsentlastungsnovelle S. 322 geschrieben:

„. . . Am meisten Widerstand ist wohl von den Anwälten zu erwarten, zumal wegen Beschränkung des Kostenersatzes. Allein es gilt zu bedenken, daß es sich hier nachgerade um Staatsnotwendigkeiten handelt, denen gegenüber jeder Stand Nachgiebigkeit bewahren muß.“

Ich könnte die Zahl solcher Äußerungen noch beliebig vermehren.

Wir werden die Frage, ob die Interessen der Anwaltschaft zu schweigen haben, wenn das Volkswohl eine gesetzliche Reform erfordert, am besten beantworten, wenn wir eine andere Frage stellen; nämlich die:

Ist der Anwaltsstand ein notwendiges Organ der Rechtspflege oder ist er es nicht?

Die Frage stellen heißt sie bejahen. Muß aber diese Frage bejaht werden, dann müssen alle Maßnahmen, die dieses notwendige Organ der Rechtspflege schädigen oder gar ausschalten, unterbleiben, wenn nicht zugleich auf andere Weise für die Erhaltung dieses notwendigen Organs Sorge getragen wird.

Der Anwaltsstand ist bei unseren heutigen außerordentlich verwickelten Rechtsverhältnissen genau so als ein unentbehrliches Organ der Rechtspflege zu betrachten wie der Richterstand.

Man kann ruhig sagen: Ohne die Mithilfe der deutschen Anwaltschaft wäre ein geordneter Rechtsgang gar nicht möglich, unsere Gerichte müßten einfach Geschäftsbankerott machen. Die Anwaltschaft leistet für das richterliche Urteil so ungeheuer viel Vorarbeit, daß, wenn diese Vorarbeit von Richtern gemacht werden müßte, ihre Zahl verdoppelt und verdreifacht werden müßte und die Rechtspflege den Staat geradezu unerschwingliche Summen kosten würde. Die deutsche Anwaltschaft hat sich so bewährt, daß sie genau so wie der Richter darauf Anspruch hat, von der Rechtspflege bei keinem Gericht und in keiner Lage des Verfahrens ausgeschlossen zu werden.

Wir können also mit Fug und Recht behaupten:

Wer der Ausschaltung der Anwaltschaft das Wort redet, schädigt die Interessen der Rechtspflege genau so wie der, welcher die Ausschaltung des Berufsrichters verteidigt. Deshalb muß der Standpunkt der Anwaltschaft der sein:

1. Die Anwaltschaft ist ebenso wie das Richtertum grundsätzlich mit allen Maßnahmen einverstanden, die eine Verbesserung der Rechtspflege bedeuten.

2. Die Anwaltschaft muß jedoch entschieden solchen Gesetzesvorschlägen widersprechen, die die Lebensfähigkeit des Anwaltsstandes untergraben, weil die Vernichtung des Anwaltsstandes gleichbedeutend ist mit schwerer Schädigung der Rechtspflege.

Amtsgerichtsrat Dr. Levin gibt in GruchotsBeitr. 1916, 25 einem ähnlichen Gedanken Ausdruck, wenn er schreibt:

> „Darüber allerdings kann kein Zweifel obwalten, daß ein in auskömmlichen Verhältnissen lebender Anwaltsstand für die Wahrung der Rechtspflege ebenso notwendig ist wie ein wirtschaftlich unabhängiger Richterstand. Wer sich davon überzeugt hat, daß die Aufgaben der Rechtspflege ohne Mitwirkung einer hochstehenden, dem Richterstand völlig ebenbürtigen Anwaltschaft nicht gelöst werden können, daß die Wahrung der Parteirechte nur einer Anwaltschaft anvertraut werden darf, die ihren Beruf nach Art eines öffentlichen Amtes, nicht aber eines bezahlten Gewerbes ausübt, wird einen Nachweis für die Berücksichtigung ihrer wirtschaftlichen Interessen nicht erst verlangen. Wirtschaftlich richtet eine schlechte Rechtspflege einen unermeßlichen Schaden an. Die Ausgaben für eine gute Rechtspflege sind so nutzbringend wie die Kosten der Landesverteidigung. Mögen sie auch hoch sein, sie stehen in keinem Verhältnis zu den ungeheuren Werten, zu deren Schutz sie bestimmt sind."

Nun könnte man sagen: Es ist ja nicht sicher, ob durch die Einführung des Güteverfahrens die Lebensfähigkeit der Anwaltschaft in Frage gestellt wird. Über diese Frage will ich mich im folgenden verbreiten:

II. Güteverfahren und Einkommensverhältnisse der Anwälte.

Ich behaupte: Die Einführung des Güteverfahrens hat die Ausschaltung des Anwalts zur Folge. Die wirtschaftliche Lage der deutschen Anwaltschaft ist eine derart schlechte, daß die Anwaltschaft diese Ausschaltung nicht erträgt.

A. Ausschaltung der Anwaltschaft.

Die Friedensfreunde sagen: Wir wollen die Anwälte gar nicht ausschließen, wir haben ja einen eigenen Paragraphen eingefügt, der die Zuziehung eines Anwaltes ermöglicht. Darauf ist zu sagen: Vor den nicht staatlichen Gütestellen ist der Ausschluß der Anwälte möglich, nachdem diese Gütestellen das Verfahren selbst bestimmen. Wenn die Ausschließung möglich ist, dann wird sie zur Tatsache.

Außerdem aber sind die Bestimmungen der Güteordnung derart, daß sie den tatsächlichen Ausschluß der Anwaltschaft zur Folge haben. Es gibt allerdings Leute, die das bisher noch nicht gemerkt haben. Der Ausschluß des Anwaltes ist auch nicht im Interesse des Volkswohles.

1. Tatsächliche Ausschaltung des Anwalts durch die Kostenbestimmungen.

a) § 24 der Güteordnung bestimmt, daß das Schiedsamt über die Kosten des Verfahrens nach freiem Ermessen entscheide, und daß es die Kosten auch dann verteilen kann, wenn die Entscheidung nur zugunsten einer Partei ergeht. Das Schiedsamt kann also sagen: Die Beiziehung eines Anwaltes war nicht notwendig, die Anwaltskosten sind nicht zu erstatten.

Diese Nichterstattungsfähigkeit wird in der Praxis die Regel bilden. Sagt doch Bovensiepen in RheinZ. 1916, 276:

> „Nur in wirklich verwickelten und rechtlich schwierigen Fällen dürfte die Erstattungsfähigkeit bejaht werden, sonst aber wäre sie grundsätzlich zu verneinen, jeder Streitsteil, der einen Anwalt zuzieht, muß eben von vornherein mit dem Risiko rechnen, daß dessen Gebühren auch bei einem noch so günstigen Vergleich auf ihm lasten bleiben."

Wir haben übrigens, so lange der bekannte § 19 der Gerichtsentlastungsnovelle gegolten hat, ja bereits die praktische Erfahrung gemacht, wie es mit den Anwaltskosten gehalten wurde; sie wurden fast ausnahmslos gestrichen. Ich verweise auf den in dieser Beziehung geradezu klassischen Artikel meines Kollegen Soldan in Mainz in der von ihm herausgegebenen deutschen Rechtsanwaltszeitung 1916 S. 74 ff.: „Was infolge der Entlastungsverordnung alles möglich ist," der die in solchen Sachen ergangenen Gerichtsbeschlüsse wörtlich mitteilt.

b) Die Nichterstattungsfähigkeit der Anwaltsgebühren hat aber für den Anwaltsstand die selbstverständliche Folge, daß das rechtsuchende Publikum künstlich vom Anwalt abgedrängt wird.

Wer trotz seines Obsiegens im Prozeß seinen Anwalt selbst bezahlen muß, der sucht sich naturgemäß diese Kosten zu ersparen, er geht nicht zum Anwalt und führt seine Sache selbst oder er betraut mit der Vertretung seiner Sache einen Winkeladvokaten.[1]) Führt er die kleinen Sachen selbst, dann wird er auch die größeren, soweit nicht Anwaltszwang besteht, selbst führen. Kurz: Das Volk wird künstlich des Anwalts entwöhnt.

Es wird übrigens von manchem Richter, wie wir bei der Gerichtsentlastungsnovelle sehen konnten, die Möglichkeit, die Kosten entsprechend zu verteilen, geradezu dazu benützt, um auf die nicht vergleichsbereite Partei einen gewissen Zwang zum Vergleich auszuüben. Das gibt ja auch der Münchener Amtsrichter Dittrich in seiner bekannten roten Reklameschrift: „Der Kampf zwischen Gläubiger und Schuldner", Alfred Metzner 1916 S. 21 zu:

> „Der Richter müßte in besonders gelagerten Fällen die Möglichkeit haben, die Last der Kostentragung nach freiem Ermessen zu verteilen. Mancher unnötige Prozeß würde dann unterbleiben und manche Partei vergleichsgeneigter sein wie bisher."[2])

Das ist nichts anderes als die Rückkehr zu den mittelalterlichen Daumenschrauben.

Ich nehme, um Weiterungen zu vermeiden, Bezug auf meine Artikel: „Gerichtsentlastungsnovelle und Einkommensverhältnisse der Anwälte" in JW. 1915 S. 1404 ff. und „Die Erstattung der Anwaltsgebühren" in BayZfR. 1916 S. 43:

Die kurze Geltungszeit des § 19 der Gerichtsentlastungsnovelle hat meinen Befürchtungen bezüglich der Ausschaltung des Anwaltes tatsächlich Recht gegeben: Die Leute sind in Sachen mit einem Streitwert von unter 50 Mk. nicht mehr gekommen und haben dann auch die Sachen mit einem Wert von über 50 Mk. selbst vertreten.

c) Die Festsetzung einer Gesamtentschädigung von 5 Mk. für jeden Fall nach Landgerichtspräsident Felsmann würde allerdings von selbst die Anwälte ausschalten, denn um geringeres als ein Packträgerhonorar kann die deutsche Anwaltschaft doch nicht arbeiten. Solche Vorschläge müssen jedem Juristen die Schamröte

---

[1]) Cahn l. c. 56; Levin, DJZ. 1915, 970; Lüttemann l. c. 7.

[2]) Von mir gesperrt! Verf.

ins Gesicht treiben, denn sie enthalten eine solche Herabwürdigung der geistigen Arbeit des Juristen, daß es einen wirklich nicht mehr wundern kann, wenn das Ansehen des Juristen immer mehr sinkt. Zutreffend bemerkt Amtsgerichtsrat Dr. Levin in JW. 1916:

„Worüber aber eine ernsthafte Diskussion nicht möglich ist, das ist der Vorschlag, die erstattungsfähigen Gebühren der Anwälte vor den Friedensgerichten auf 5 Mk. zu beschränken. Das ist bei oft mehrmaliger Vorbereitung und langwieriger Terminsverhandlung ein Entgelt, das nicht einmal dem Verdienst eines schlecht belohnten Handwerkers gleichkommen würde."

3. Volkswohl und Ausschaltung der Anwaltschaft.

Das Volkswohl erfordert in keiner Weise die Ausschaltung des Anwaltes:

a) Werner S. 334 l. c. schreibt hierüber zutreffend:

„. . . . . . . Die Bewegung, die heute eingesetzt und durch die Notverordnung einen Teilerfolg erzielt hat, wird am besten gewürdigt, wenn man diese Besprechungen auf das Gebiet der Medizin übertragen würde. Gewiß ist es nicht zu billigen, daß bei jedem kleinen Schnupfen die Leute zum Arzt schicken und ihn kommen lassen. Der Schnupfen würde vielleicht auch ohne den Arzt verschwinden. Aber was würde man sagen, wenn eine energische, weitreichende Bewegung einsetzen würde, bei einfachen Krankheiten die Ärzte auszuschalten und sich mit Hausmitteln zu begnügen? Dadurch würden viele Millionen Arztkosten erspart; aber wenn jeder Arzt nur in jedem Jahre durch recht schnelles, rechtzeitiges Eingreifen zwei Menschen das Leben rettet oder sie vor dauerndem Siechtum bewahrt, so ist damit die unnütze Arbeit, die den Ärzten aufgebürdet wird, reichlich ausgeglichen. Wenn man die vorbeugende, vergleichstiftende Tätigkeit des Anwaltes gelten lassen will, so darf man sie nicht ausschalten in dem Augenblicke, in dem das Fieber einsetzt, d. i. also in dem Zeitpunkt, in dem die Gefahr eines Prozesses naheliegt oder der Prozeß bereits entstanden ist. Wenn man die Parteien zum Güteverfahren, zum Zwangszahlungsbefehl, zur Ausschaltung der Anwälte in kleinen Sachen, in Beleidigungssachen zwingt, so bedeutet das, sie der Anwälte entwöhnen; die Parteien werden dann dahin erzogen, möglichst ihre Angelegenheiten selbst zu erledigen. Im Endergebnis würde dies dahin führen, daß die Parteien viel weniger als bisher bei ihren Rechtsangelegenheiten und ihren Streitigkeiten rechtzeitig zum Anwalt kommen, und das würde die Zahl der Prozesse erheblich vermehren. Die Bewegung ist demnach volkswirtschaftlich gefährlich. Der Grundgedanke der Entlastungsnovelle und des Güteverfahrens, daß die Anwälte die Zahl der Prozesse vermehren, daß sie die Arbeit des Richters vergrößern, ist unzutreffend."

b) Die Ausschaltung des Anwaltes ist auch antisozial. Ich habe darüber in BayZfR. 1916, 41 geschrieben:

„Das Dienstmädchen, das seinen rückständigen Lohn gegen eine reiche Herrschaft einklagt, welche ungerechtfertigt verschiedene Abzüge machen will, der Knecht, der seinen sauer verdienten Lohn nur im Prozeßwege gegen seinen Arbeitgeber erstreiten kann, sie nehmen keinen Anwalt, wenn sie befürchten müssen, ihn selbst bezahlen zu müssen. Die Herrschaft, der Arbeitgeber, die gehen nicht zu Gericht, ihnen ist die Sache viel zu kleinlich, sie lassen sich durch einen Anwalt vertreten. Daß eine durch einen Anwalt vertretene Partei der anderen, die keinen Rechtsbeistand hat, rechtlich überlegen ist, bedarf wohl keiner Ausführung. Nehmen sich aber das Dienstmädchen, der Knecht, einen Anwalt, dann laufen sie Gefahr, daß sie ihren Anwalt selbst bezahlen müssen. Es treffen also unter Umständen auch hier Anwaltskosten wirtschaftlich schwache Kräfte.

Wir haben also die Folge, daß der wirtschaftlich Schwache rechtlich und tatsächlich bei Gericht schwächer gestellt ist, als der wirtschaftlich Kräftige. Das darf unter gar keinen Umständen der Fall sein."

Es hat mir immer ein Vergnügen gemacht, einem kleinen Mann gegenüber einer reichen, protzigen Partei zu helfen. Gerade diese kleinen Leute brauchen den Schutz des Anwalts viel mehr als die größeren, wirtschaftlich Kräftigen.

c) Die Ausschaltung des Anwaltes ist aber auch unwirtschaftlich. Meine Ausführungen über diesen Punkt in BayZfR. 1916, 41 ff. gehen dahin:

„Der beschäftigte Handwerker, der Besitzer eines umfangreichen, kaufmännischen Geschäftes, der Arbeiter, das Dienstmädchen, sie alle haben meist nicht die Zeit, in einer Sache mit einem Streitwert von unter 50 Mk. stundenlang bei Gericht zu warten, bis ihre Sache daran kommt. Der Kaufmann sagt sich mit Recht, daß es für ihn und seine Angestellten eine übel angewendete Zeit sei, stundenlang untätig bei Gericht zu sitzen, sie versäumen während dieser Zeit unter Umständen die wichtigsten Geschäfte. Da ist es eigentlich doch selbstverständlich, daß sie das Recht haben müssen, einen Anwalt zu nehmen, und daß sie diesen nicht selbst zahlen müssen, sondern der unterliegende Gegner."

3. Schlußfolgerung.

Wir können also sagen:

Die Möglichkeit der Nichterstattungsfähigkeit der Anwaltskosten bedeutet tatsächlich nichts anderes als die Ausschaltung des Anwaltes und damit eine schwere Schädigung seines Einkommens. Das gibt auch Bovensiepen in RheinZ. 1916, 281 zu, wenn er schreibt:

„Daß durch die hier vorgeschlagene Regelung wie durch die Einführung des obligatorischen Güteverfahrens überhaupt eine gewisse finanzielle Schädigung der Anwaltschaft eintreten wird, ist zwar im Interesse dieses für die Rechtspflege unentbehrlichen Standes zu bedauern, aber u. Er. unvermeidlich."

Nun gibt es aber wieder Leute, die glauben, daß die wirtschaftliche Lage der deutschen Anwaltschaft eine solche ist, daß sie in Sachen des Güteverfahrens den Ausschluß ruhig ertragen kann. Daß das nicht der Fall ist, will ich im folgenden zeigen.

B. Wirtschaftliche Lage der deutschen Anwaltschaft.

Die wirtschaftliche Lage der deutschen Anwaltschaft war schon vor dem Kriege eine außerordentlich mißliche. Schon die Zivilprozeßnovelle vom 1. Juni 1909 hat gerade die landgerichtlichen Anwälte in einem ungeahnten Maße geschädigt. Ich habe in der JW. 1915 S. 1403 ff. ausgeführt, daß, um Beispiele zu bringen, das Landgericht Kempten an Prozessen (Zivil, Handelskammersachen und Berufungssachen) hatte: 1909 1308; 1912 878; 1913 782. Der Verlust an Prozessen beträgt also infolge der Novelle gegen das Jahr 1909 im Jahre 1912 430; im Jahre 1913 526 Prozesse.

Das Landgericht Bamberg hatte an Prozessen 1909 1257; 1912 914; 1913 835. Der Verlust beträgt also gegen das Jahr 1909 im Jahre 1912 343; im Jahre 1913 422 Prozesse. Es wurden also die Anwälte schon durch Einführung dieser Novelle schwer geschädigt und viele von denselben in eine wirtschaftliche Notlage gebracht.

Daß der gegenwärtige Weltkrieg außerordentlich viele Anwälte finanziell vollständig ruiniert und viele an den Rand des Verderbens gebracht hat, ist eine allgemeine insbesonders auch im preußischen Abgeordnetenhaus anerkannte Tatsache, über die ich mich hier nicht weiter verbreiten will.

Es ist nicht zu viel gesagt, wenn ich behaupte:

Die Einführung des Güteverfahrens in seinen Folgeerscheinungen insbesonders, wenn das Güteverfahren noch weiter ausgedehnt werden soll, führt zur Ausschaltung des Anwaltes und damit zur Vernichtung seiner Existenz und deshalb muß die deutsche Anwaltschaft sich auch aus diesem Gesichtspunkt gegen die Einführung eines allgemeinen Güteverfahrens wehren. Wenn nicht schon aus den oben von mir angeführten Gründen die Einführung des Güteverfahrens abzulehnen wäre, so würde es abzulehnen sein, weil es die Rechtsanwaltschaft, ein wichtiges Organ der Rechtspflege, erheblich gefährdet.

III. Ersatzmittel für die Verluste der Anwaltschaft.

Die Friedensfreunde geben die materielle Schädigung der Anwaltschaft wohl zu, allein sie sagen: Wir bedauern diese unvermeidliche Schädigung, allein wir wollen dafür Abhilfe treffen. Schreibt doch Bovensiepen, RheinZ. 1916, 281:

> „Dafür wird durch eine zeitgemäße Erhöhung der im wesentlichen seit dem 1. Oktober 1879 unverändert gebliebenen Gebührensätze — mit einziger Ausnahme derjenigen für die ersten Wertstufen bis zu 120 Mk., man darf den Prozeß des armen und „kleinen Mannes" aus sozialpolitischen Gründen nicht verteuern — um etwa 20—25 % ihr entsprechend Abhilfe zu gewähren sein!"

Darauf ist zu sagen: Eine Gebührenerhöhung muß ja unter allen Umständen kommen, denn es ist für die Anwaltschaft ganz unmöglich, mit den gegenwärtigen Sätzen noch auszukommen. Allein es ist doch verfehlt, einem Manne, der leben muß, einen großen Teil seines Einkommens zu nehmen und ihm zu sagen: Du wirst später schon einmal entschädigt werden. Ist der Richterstand notwendig, dann wäre es doch verkehrt, demselben einen großen Teil seines Gehalts zu entziehen, weil er sonst nicht mehr leben und seinen Beruf ausfüllen kann. Ist der Anwaltsstand notwendig, wie auch die Friedensfreunde selbst immer betonen, dann ist es doch verkehrt, demselben einen Teil seines Einkommens zu nehmen und ihn auf spätere Zeiten zu vertrösten, statt ihm gleich Ersatz zu bieten.

Hier liegt aber der springende Punkt: Die Friedensfreunde können und zum Teil wollen sie auch keinen Ersatz bieten: Was hilft denn dem Anwalt eine Gebührenerhöhung, wenn die Einführung des Zwangsgüteverfahrens die Folge hat, daß die Anwaltschaft überhaupt ausgeschaltet wird?[1]) Daß der Anwalt ausgeschaltet wird, kann auch von den Friedensfreunden ernstlich gar nicht bestritten werden und ich habe oben auch den Beweis für meine Behauptung geliefert.

IV. Prozeßvorbeugung und Vergleichstätigkeit der Anwaltschaft.

1. Es könnte mancher aus meinen bisherigen Darlegungen den Schluß ziehen, daß die deutsche Rechtsanwaltschaft unter allen Umständen gegen Maßnahmen ankämpft, welche die Prozeßverhütung und das Vergleichen von Rechtsstreitigkeiten bezwecken. Dieser Standpunkt ist jedoch ein vollständig irriger. Mit Recht zitiert Deinhardt in dem Vorwort S. III die Worte des Vorsitzenden des deutschen Anwaltsvereins, Geh. Justizrat Haber, auf dem Würzburger Anwaltstag vom Jahre 1911: „Es gibt viele Rechtsanwälte, die viel mehr Wert darauf legen, Prozesse zu verhüten, als sie zu führen.“ [2]) Und Hackenberger bemerkt im Tag 1916 Nr. 58: „Davon, daß die Rechtsanwälte nicht geeignet wären, im Güteverfahren im Sinne des Rechtsfriedens mitzuwirken, kann keine Rede sein.“ Diejenigen, welche der möglichsten Ausschaltung des Anwaltes das Wort reden, haben meist von der Tätigkeit des Anwaltes überhaupt keine richtige Vorstellung. Wäre es möglich, eine Statistik aufzustellen, wie viele Prozesse durch das Eingreifen der deutschen Anwälte verhindert worden sind, wie viele Rechtsstreitigkeiten durch die Tätigkeit der Anwälte verglichen wurden, bevor die Gerichte angerufen wurden, es würde sich ergeben, daß die Zahl eine ganz außerordentlich hohe ist.[3]) Wäre nicht die prozeßvorbeugende Tätigkeit der deutschen Anwaltschaft, so wären die Gerichte in ihrer jetzigen Besetzung gar nicht in der Lage, alle diese Prozesse zu entscheiden.

---

[1]) Das übersieht vollständig Klein: Friedensjustiz und Presse, Bonn 1916 S. 15.

[2]) JW. 1911, Verhandl. des XX. deutschen Anwaltstages S. 3. Ähnlich auch Klein l. c. S. 14. Zustimmend: Böttger l. c.

[3]) Zustimmend: Levin in RheinZ. 1916, 217; Wach, JW. 1914, 81.

Aber auch, wenn der Rechtsstreit wirklich anhängig geworden ist, so ist es immer die deutsche Anwaltschaft gewesen, welche den Bestrebungen des Gerichts, die Sache durch Vergleich aus der Welt zu schaffen, keinen Widerstand entgegengesetzt, im Gegenteil zur vergleichsweisen Erledigung der Sache redlich mitgeholfen hat, wenn sie es im einzelnen Falle nach pflichtgemäßem Ermessen im Interesse der Rechtspflege und der Partei für angezeigt erachtete.[1]) Zutreffend bemerkt Cahn:[2]) „Die Anwaltschaft war und ist allzeit bereit, sichtend und schlichtend mitzuarbeiten."

2. Dieser prozeßvorbeugenden und vermittelnden Tätigkeit kann aber nur ein wirtschaftlich kräftiger, dem Richter und der Partei gegenüber vollständig unabhängiger Anwaltsstand gerecht werden. Ich habe darüber in der JW. 1915 S. 1406 geschrieben und ich wiederhole hier diese Worte, da man sie nicht oft genug betonen kann:

> „Nur ein wirtschaftlich kräftiger, der Partei gegenüber vollständig unabhängiger Anwalt ist in der Lage, den Interessen der Rechtspflege zu dienen. Der wirtschaftlich Schwache, der Partei gegenüber nicht unabhängige Anwalt wird Sachen vertreten, die nicht einwandfrei sind, denn leben muß der Anwalt. Der wirtschaftlich kräftige, unabhängige Anwalt dagegen ist in der Lage, nicht einwandfreie Sachen einfach abzulehnen. Durch den wirtschaftlich schwachen Anwalt werden die Prozesse vermehrt, durch den wirtschaftlich kräftigen dagegen verringert."

3. Privatdozent Dr. Wolzendorf[3]) verspricht sich von der Einführung eines Güteverfahrens nur dann Erfolg, wenn das Recht volkstümlich geworden ist:

> „Die Voraussetzung für die Ausbildung eines staatsbürgerlichen Denkens im Volk, das die Grundbedingung eines fruchtbaren Wirkens des Güteverfahrens darstellt, ist also nichts anderes als die „Volkstümlichkeit des Rechts" in ihrem ganzen Umfang, wie sie von Stumpf als Forderung aufgestellt und in wichtigen Einzelheiten gekennzeichnet ist. Solange sie nicht verwirklicht ist, kann ich mir von der Einführung eines Güteverfahrens wirkliche Erfolge nicht versprechen."

Ist diese Behauptung zutreffend, dann ist ebenso richtig, was ein alter Advokat, Franz von Seybold, schon im Jahre 1847 geschrieben hat:

[1]) Vgl. auch Cahn l. c. 51.

[2]) Cahn in der Zeitschrift für deutschen Zivilprozeß l. c.

[3]) Deutscher Rechtsfriede 48 ff.

„Eine Gesetzgebung kann nur in dem Maße volkstümlich und dem Vaterland gedeihlich werden, als sie sich in der Advokatur ein tüchtiges und redliches Organ lebendiger Auffassung, Verbreitung und Pflege herangebildet hat. Der Same der Wissenschaft, der vom Katheder der Rechtsgelehrten gestreut worden ist, muß vor allem im Sprechzimmer des Anwalts gehegt und großgezogen werden, wenn er in das Mark und Blut des Volkes übergehen soll." [1])

Die Friedensfreunde machen die kompliziertesten Vorschläge, um Prozesse zu verhüten und übersehen, daß das Gute so naheliegt:

Das beste Prozeßvorbeugungsmittel ist und bleibt:

Ein wissenschaftlich hochgebildeter, wirtschaftlich kräftiger, der Partei und dem Richter gegenüber vollständig unabhängiger Anwaltsstand.

4. Die deutsche Anwaltschaft steht auf dem Standpunkt:

a) Prozeßvorbeugung und Güteverfahren sind nur möglich **nach** genauester Sachaufklärung.[2])

b) Es ist verfehlt, ganz allgemein in schablonenhafter Weise ein Güteverfahren einzuführen.

c) Es ist von Fall zu Fall zu entscheiden, ob der Prozeß durch Vergleich aus der Welt zu schaffen ist oder nicht.

d) Die bisherigen Bestimmungen der Prozeßordnung genügen vollständig, um dieses Ziel zu erreichen.

Sechster Teil:

Rechtsbewußtsein des Volkes und Güteverfahren.

I.

Wir haben im Laufe unserer Darstellung gesehen, daß die Prüfung der Legitimation der Freunde des Güteverfahrens nicht zu ihren Gunsten ausgefallen ist[3]) und daß ihre Vorschläge einer streng juristischen Kritik in **gar keiner** Weise standhalten. Ich kann deshalb nach sachlicher Prüfung der ganzen Gütefrage nur das Eine sagen:

Möge das deutsche Volk vor diesem neuen Güteverfahren bewahrt bleiben!

---

[1]) Vollständige Darstellung des Anwaltsamtes usw. S. 22, München 1847, zit. bei Levin, RheinZ. 1916, 212.

[2]) Gleicher Ansicht: Levin in GruchotsBeitr. 1916, 39, 40, 42; „Richterliche Prozeßleitung und Sitzungspolizei" S. 211 ff.

[3]) Ablehnend auch Cremer in einem Artikel: „Sicherheitsleistungsurteile" in „Recht und Wirtschaft" 1916, 222.

Das deutsche Volk? Wir haben bei allen Erörterungen der Friedensfreunde über das Güteverfahren eigentlich recht wenig davon gelesen, wie denn die Hauptpersönlichkeit, das Objekt des Güteverfahrens, das Volk, sich zur Frage des neuen Güteverfahrens stellt. Es ist doch außerordentlich wichtig, zu erfahren, ob ein neu einzuführendes Verfahren auch dem Rechtsbewußtsein des Volkes entspricht, denn nur dann hat es überhaupt eine innere Berechtigung.

Hört man die Freunde des Güteverfahrens, dann ersehnt das deutsche Volk schon längst die neue deutsche Minne und es ist unbegreiflich, warum der Bundesrat nicht möglichst rasch dieses Sehnen durch eine das Güteverfahren einführende Bundesratsverordnung stillt.

Das Zögern der amtlichen Stellen ist nur zu sehr berechtigt. Hat man doch bei den Kaufmanns- und Gewerbegerichten, welche eine reiche Vergleichstätigkeit pflegen, anscheinend keine besonders guten Erfahrungen gemacht, wenigstens scheinen die Beteiligten nicht recht zufrieden zu sein. Bovensiepen schreibt in RheinZ. 1916, 244 darüber:

> „Daß diese Vergleiche, wie Lütkemann a. a. O. annimmt, „zur Zufriedenheit aller Beteiligten" ausfallen, muß freilich angesichts der in der großen Mehrheit ablehnenden Haltung der berufenen Vertretungen der deutschen Industrie und Kaufmannschaft, der deutschen Handelskammern (vgl. Bovensiepen, DRZ. 11, 836 ff.; 13, 379 ff.; 14, 588) entschieden bestritten werden. Ein mehr oder weniger sanfter Druck des Gerichts, insbesonders seiner Vorsitzenden und der Ausschluß der Berufung bei Streitwerten bis zu 100 Mk. bzw. gar 300 Mk. erzielt gar manchen etwas unfreiwilligen Vergleich.[1])

Es regt dieses Urteil über die Zwangsvergleichstätigkeit der Kaufmanns- und Gewerbegerichte gerade nicht besonders zur Nacheiferung an.[2])

II.

Wer das Volk aus eigenem Verkehr und eigener Erfahrung kennt, wer insbesonders nicht sein ganzes Leben lang in den höheren Schichten gelebt und verkehrt hat, sondern selbst aus dem Volk hervorgegangen ist, der weiß, daß das Volk, wenn es zu Gericht kommt, sein Recht will. Gerade die breitere Masse des Volkes hat zum Gericht noch das Vertrauen, daß es dort sein Recht auch finde,

---

[1]) Von mir gesperrt! Verf.

[2]) Vgl. auch Cahn l. c. 14 u. die dort zit. Literatur.

wenn auch schon in anderen Kreisen, wie die zahlreichen Schiedsgerichte beweisen, das Vertrauen in die deutsche Rechtspflege nicht besonders übermäßig zu nennen ist. Wenn nun Bestrebungen einsetzen, alle Sachen möglichst durch einen Vergleich aus der Welt zu schaffen, also jede Partei zum teilweisen Aufgeben ihres vermeintlichen Rechts zu veranlassen, wenn das nicht von Fall zu Fall geschieht, sondern regelmäßig, dann verlieren die Leute vollständig das Vertrauen zur Rechtspflege, weil sie sich sagen: Ich kann das beste Recht in Händen haben, bei Gericht wird einem immer zugemutet, einen Vergleich einzugehen und schließlich läßt man sich doch überreden, von seinem guten Recht etwas aufzugeben. Es setzt sich bei den Leuten der Gedanke fest: Bei Gericht bekommst du wohl einen Vergleich, du bekommst aber nicht dein Recht. Diese Bestrebungen, alle Sachen möglichst durch einen Vergleich aus der Welt zu schaffen, zerstören das Rechtsbewußtsein des Volkes. Es ist sehr lehrreich, was die englische Zeitung Mirrior schreibt:

„London, 10. Februar 1916. Wer jemals ein englisches Gericht angerufen hat, ist immer bitter enttäuscht worden, denn in diesem Königreich des Kompromisses wird jeder Rechtsstreit mit einem „Vergleich" geschlichtet. Das Ergebnis ist dann: Wut der Parteien, Zufriedenheit der Richter, Schaden und Kosten auf beiden Seiten."

Mögen uns in Deutschland ähnliche Erfahrungen erspart bleiben. Welche Bedeutung ein Wittelsbacher dem Rechtsbewußtsein des Volkes beimißt, das zeigt zur rechten Zeit ein echtes Königswort, das König Ludwig III. am 11. September 1916 bei der Eröffnung des Justizpalastes in Nürnberg gesprochen hat:

„Es ist .... eine der wichtigsten Sachen, daß jedermann, hoch oder gering, ohne Unterschied die Sicherheit hat, wenn er sich an die Justiz wendet, sein Recht zu finden. Das ist bei uns schon lange so und das soll so bleiben."

Namenregister.

(Die Zahlen bezeichnen die Seiten)

Sachregister.

(Die Zahlen bezeichnen die Seiten.)

FSC
www.fsc.org
MIX
Papier | Fördert gute Waldnutzung
FSC® C083411

Kolibri 360 GmbH
Ferdinand-Jühlke-Straße 7
99095 Erfurt, Deutschland
produktsicherheit@kolibri360.de